"中国话语"知识分享研究系列

# 解码"新质生产力"

当代中国与世界研究院
复旦大学中国研究院

著

# "中国话语"知识分享研究系列

**主编单位**
当代中国与世界研究院　外文出版社

**主　任**
杜占元

**副主任**
于　涛　于运全　高岸明　陆彩荣

**委　员**（按姓氏拼音排序）
范大祺　胡开敏　孙敬鑫
孙　明　文　芳　许　荣

**本书首席专家**

刘　典

**本书编写组**（按姓氏拼音排序）

郭凌旭　郭宇浩　华光灿　江灏锋　姜　瑞
刘　典　刘懿阳　吕文宝　倪　杉　赵　庆
赵杨博　郑华为　朱文博

# 前　言

　　2024年7月，中国共产党第二十届三中全会召开，作出了因地制宜发展新质生产力的重大决策。这一决策不仅是对当前中国经济高质量发展要求的回应，更是在全球科技革命和产业变革背景下，对生产力变革方向的一次重大探索。自习近平总书记2023年9月在黑龙江考察时首次提出新质生产力以来，这一概念的内涵不断丰富，外延持续拓展。它是以创新为主导，摆脱传统经济增长模式和生产力发展路径，具有高科技、高效能、高质量特征的先进生产力形态。新质生产力的形成，不仅依赖于技术的革命性突破，还要求生产要素的创新配置。科技创新和资源的高效利用，推动了生产方式的全面变革，加快了产业转型升级的进程，克服了传统发展模式中的高投入、高消耗问题，实现了经济发展在质量与效率上的双重飞跃。新质生产力的提出和发展标志着中国在全面建设社会主义现代化国家的过程中进入了一个新的阶段。

　　新质生产力的重点在于"新"，提升自主创新能力。中国自 2016 年成功发射首颗量子卫星以来，构建了全球首个星地量子通信网，目前该网已接入金融、电力、政务等多行业。2021 年以来，中国天宫空间站的关键舱段相继发射，至 2022 年底，中国全面建成了自主的空间站。2023 年，中国超越日本，首次成为全球最大汽车出口国，刀片电池、麒麟电池的飞速迭代向世界展现了中国汽车行业强劲的发展态势；C919 大飞机、爱达·魔都号豪华游轮相继投入商业运营。2024 年，全球首座第四代核电站在山东正式投入商业运营，安全、高效的核电技术正在为中国现代化建设提供源源不断的清洁能源。中国在科技创新领域取得的重大成就，为新质生产力的快速发展提供了基础性的技术保障。

除此之外，中国在数字经济、产业转型、人工智能等领域也取得重大进展。2023 年中国数字经济核心产业增加值超过 12 万亿元，占 GDP 的比重为 10% 左右。在数字技术与实体经济不断融合的大趋势下，数字经济将传统技术与数字技术结合，融合人工智能、大数据，使实体经济实现机械化、自动化、信息化和数字化，带来整体运作方式的改变，从而推动实体经济高质量发展。数字平台通过为实体经济服务发挥出更大的效能，进一步推动产业平台的建设。这不仅能够使数字经济的应用范围进一步扩大，依托平台的赋能，还可以给多个行业带来新的发展机遇。由此可见，数字经济不仅是发展前沿，更能作为一种要素和实体经济紧密结合，在为消费者提供便利的同时为企业降本增效，推动传统产业转型升级。

新的基础设施、新的经济模式，皆是新质生产力的现实体现。本书系统地探讨了新质生产力的理论基础、关键要素、实际应用及未来展望等内容。全书共分为六个主要部分，每一部分都从不同的角度深入剖析了新质生产力这一重要概念。第一部分回顾了新质生产力的理论背景和发展历程，重点探讨了其作为新动力，推动经济转型升级的基本内涵。第二部分深入分析了科技创新在新质生产力中的核心地位，阐述了生产要素创新配置和产业转型升级对新质生产力的形成起到的决定性作用。第三部分通过多个实际案例，展示了新质生产力在不同产业中的具体应用，特别是在数字经济和智能制造等领域取得的突破性进展。第四部分讨论了新质生产力在支撑绿色革命、推动中国能源转型、保障国家能源安全以及在新能源领域可持续发展中的关键作用。第五部分从新型生产关系的角度着手，论述新质生产力的发展改变了旧的生产关系，是中国生产关系发展史上的一次进步。第六部分聚焦新质生产力发展过程中劳动者角色和劳动关系的转变。劳动者是生产力发展的主要因素，新质生产力的发展既对劳动者的劳动技能提出了更高的要求，也对传统劳动关系提出了新的挑战，传统劳动关系需要不断更新、调整、适应，以满足新的发展要求。最后，书中展望了新质生产力的发展前景，在大国竞争和地缘政治紧张的背景下，新质生产力不仅是实现高质量发展的重要工具，还是应对全球科技竞争的重要战略，为推动中国经济高质量发展提供理论和实践方面的双重支持。

  本书的出版，旨在为读者提供全面深入的理论与实践指导，帮助读者更好地理解新质生产力这一概念，并在实际工作中加以应用和推广。希望通过本书，读者能够深入领会新质生产力的内涵及其重要性，为中国经济的持续繁荣贡献力量。

# 目　录

**第一章　时代呼唤：新质生产力** …… 1
　（一）概念发展：新质生产力的提出与演变 …… 1
　（二）内涵阐释：新质生产力的构成框架 …… 5
　（三）方向指引：新质生产力的核心目标 …… 10

**第二章　核心要素：科技创新** …… 17
　（一）核心变量：以创新驱动加速新质生产力的形成 …… 18
　（二）战略举措：科技强国与新型举国体制共同发力 …… 23
　（三）创新生态："技术—数据—AI"的三维赋能作用 …… 27
　（四）案例分析：科技创新驱动企业发展的"中兴故事" …… 31

**第三章　布局未来：产业创新** …… 35
　（一）转型升级：重塑传统产业的价值体系 …… 36
　（二）战略高地：开辟新兴产业的未来战场 …… 40
　（三）科学布局：描绘未来产业的发展蓝图 …… 46
　（四）案例分析：科技赋能产业发展的"腾讯案例" …… 50

## 第四章　关键变革：绿色发展　　　　　　　　　　53
（一）角色转变：中国绿色发展引领全球新格局　　53
（二）体系重塑：四位一体的绿色低碳循环经济体系　57
（三）绿色革命：面向未来的可持续发展之路　　60
（四）案例分析：绿色经济循环流通的"宁德时代"　64

## 第五章　范式重塑：新型生产关系　　　　　　　　67
（一）理论依据：新质生产力与新型生产关系的
　　　辩证联系　　　　　　　　　　　　　　67
（二）突破束缚：发展新型生产关系必须依靠
　　　全面深化改革　　　　　　　　　　　　69
（三）关键导向：相匹配的生产资料所有制形式　73
（四）案例分析：金融支持新质生产力的"国寿范例"　76

## 第六章　创新主体：新型劳动者　　　　　　　　　79
（一）角色定位：新型劳动者相互关系的构建　　79
（二）基本要求：畅通教育、科技、人才良性循环　83
（三）激发活力：健全要素参与收入分配机制　　87
（四）案例分析：新型劳动者驱动创新发展中的
　　　"美团作用"　　　　　　　　　　　　　90

## 结　语　　　　　　　　　　　　　　　　　　　　93

# 第一章 时代呼唤：新质生产力

2024年1月31日，习近平总书记在二十届中共中央政治局第十一次集体学习时强调，"新质生产力是创新起主导作用，摆脱传统经济增长方式、生产力发展路径，具有高科技、高效能、高质量特征，符合新发展理念的先进生产力质态"，这概括了新质生产力的基本内涵。回顾人类文明的发展阶段与相应历史时期的生产力发展水平，不难发现，生产力水平扮演着人类社会发展的决定性力量，而人类社会的进步又反作用于生产力。例如，农业时代主要依靠人力、畜力和自然力，生产关系较为简单，即使过渡至手工业时代，也受限于个体和小规模生产。直到18世纪中后期，工业革命的爆发标志着现代生产力的崛起，机器生产和大规模工厂生产逐步取代传统的手工劳动，也宣告人类生活方式的改变进入加速期。20世纪中后期，信息技术革命兴起至今，新兴产业不断涌现，互联网、人工智能、大数据等对人类的生产生活方式产生了巨大的影响。这一背景下，社会急需生产力的变革，为经济发展注入新动力。

## （一）概念发展：新质生产力的提出与演变

随着历史演进，人类社会进入信息时代，中国也进入了新时代，中国人民对美好生活的向往对生产关系提出了新要求。数字化、绿色化、智能化等新兴生产要素和生产资料的不断涌现，也对中国社会生产力的发展产生了深远影响。为了适应这些变化，中国不断调整生产关系，进一步促进社会生产力的发展。基于此，中国共产党长期对培育发展新动能进行探索，在这项工作的孕育之下，"新质生产力"这一兼具发展与改革双重特性的命题正式诞生。新质生产力的理论起点可以追溯至2015年，它的发展大致分为酝酿期、发展期、形成期和成熟期四个阶段。

1. 酝酿期（2015年至2020年）。2015年起，中国经济步入了新常态阶段，中国的宏观调控政策发生了从需求侧管理向供给侧结构性改革的转变，为新质生产力理论的形成奠定了基础并提供了动力。从核心要求上讲，供给侧结构性改革与新质生产力的关注重点完全契合，二者均强调提高生产要素配置效率，促进产业结构优化，以及增强经济持续增长动力。从把握方式上讲，则首先要用好"加、减、乘、除"四则运算。具体而言，"加法"运算要求补齐发展短板、扩大要素供给；"减法"运算要求通过去产能、去杠杆、降成本等手段来减轻企业与社会负担；"乘法"运算要求以创新发展挖掘经济增长新动力；"除法"运算则要求清除经济发展过程中的"拦路虎"，解决制约经济发展的瓶颈问题。从提出至今，供给侧结构性改革在实践中取得了显著成效，不仅提升了供给体系的质量、提高了供给效率和全要素生产率、进一步激发了市场活力以及整体经济竞争力，还通过实施创新驱动、追求经济高质量发展以及扩大经济社会的积极影响，为新质生产力的发展提供了坚实的体制基础和机制保障，推动了中国经济的高质量发展和产业体系的现代化升级。

2. 发展期（2020年至2023年7月）。2020年，中国共产党第十九届五中全会提出，全面建成小康社会、实现第一个百年奋斗目标之后，中国要乘势而上开启全面建设社会主义现代化国家新征程、向第二个百年奋斗目标进军。这标志着中国进入了一个新发展阶段。自2021年起，中共中央多次强调加快培育战略性新兴产业与未来产业，持续为新质生产力注入活力，并提出加快建设现代化产业体系。在供给侧结构性改革与创新驱动发展战略的实践中，中国充分认识到智能制造、量子信息等战略性新兴产业与未来产业对国家未来发展的重要性，高度重视以产业发展促进发展新动能。其中，前者作为新质生产力的主力，其大量原创性、颠覆性科技创新的应用，为高质量发展注入了新动能；后者在不断发展成熟的过程中，为前者储备大量预备队，并向之不断转化。在两者之外，传统产业在保持其长期稳定性的基础上，结合创新驱动战略，一方面为培育战略性新兴产业和未来产业提供强大后盾，另一方面也通过产业链供应链的不断整合重组与自身的改造升级，向前两者转型。需要注意的是，在这三类产业相互转化的过程中，科技创新起到了重要的推动作用：既推动产业的良性循环，也加快实现打造现代化产业体系的目标。

3. 形成期（2023年7月至2023年12月）。2023年9月，在新时代推动东北全面振兴座谈会上，习近平总书记首次公开提出"新质生产力"。会议期间，习近平总书记两次在讲话中提到新质生产力的重要性。同年12月，中央经济工作会议将新质生产力列为2024年经济工作重点，不仅将其列为建设现代化产业体系的重要工作之一，还将"新动能"与"新产业""新模式"并列，使之成为以创新驱动新质生产力发展的"三驾马车"之一。这标志着"新质生产力"概念正式成为推动经济发展的重要理论。在随后的采访中，中央财经委员会办公室有关负责同志首次将新质生产力解释为：由技术革命性突破、生产要素创新性配置、产业深度转型升级而催生的当代先进生产力，它以劳动者、劳动资料、劳动对象及其优化组合的质变为基本内涵，以全要素生产率提升为核心标志。

4. 成熟期（2024年初至今）。以2024年1月召开的二十届中央政治局第十一次集体学习为标志，"新质生产力"概念体系基本完善。会议上，习近平总书记就新质生产力进行了完整、系统、深入的阐述，从加强科技创新、完善现代化产业体系、推动绿色发展、构建新型生产关系、畅通教育科技人才良性循环等多个方面指明方向，强调了新质生产力作为"推动高质量发展的内在要求和重要着力点"的重要地位。

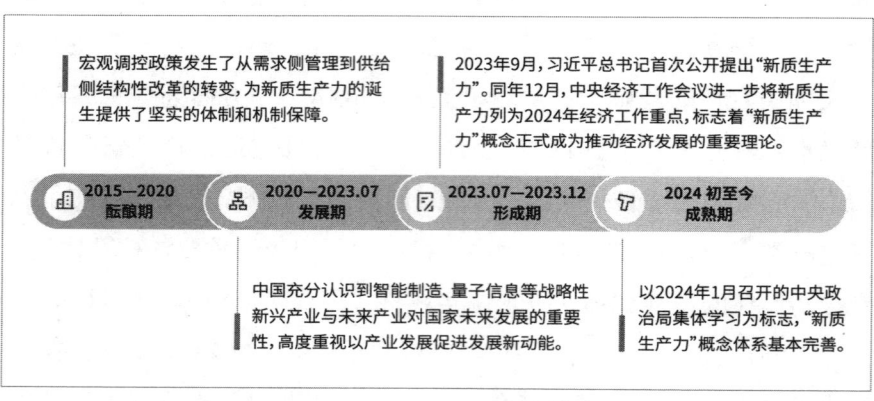

图 1-1 新质生产力的概念发展

值得一提的是，在2024年3月举行的十四届全国人大二次会议上，"大力推进现代化产业体系建设，加快发展新质生产力"被列为2024年政府工作十大任务之首。在此之前，除了2017年和2018年的第一项任务与供给侧结构性改革有关，在大多数实践里，第一项任务都与"稳经济、保运行"等宏观经济内容有关。2024年《政府工作报告》系统阐述了新质生产力的建设框架，明确指出"重要产业链供应链自主可控能力提升""积极培育新兴产业和未来产业""深入推进数字经济创新发展""传统产业加快转型升级"。此外，报告细化的三大举措涵盖了四个聚焦领域和两大支撑工程，围绕重点产业链整合、制造业数字化转型、中小企业智能化赋能以及人工智能与其他产业深度融合这四大关键板块，通过激发产业活力和企业潜能，充分释放新质生产力的发展势能。同时，辅以制造业技术改造升级工程与产业创新工程两大载体，为上述举措提供坚实的实践依托。此外，《政府工作报告》还展示了强化政策指引、规划未来发展方向的前瞻视野，并将加大力度制定未来产业发展规划与数字经济高质量发展政策，致力于完善数据基础制度，构筑数字基础设施，为新兴产业、未来产业及数字经济等新质生产力的核心元素创造更广阔的成长空间，有力按下新质生产力快速发展的"启动键"。

总而言之，新质生产力理论的孕育和形成是中国科技创新和产业变革的生动实践。这一理论的构建可以追溯到全球经济中技术创新与产业变革趋势的兴起，本质上是对人类如何通过技术革命性突破和生产要素创新配置，实现生产力水平质的飞跃这一课题的深入探索。在大数据、人工智能、互联网、云计算等新兴技术与高素质劳动力、现代金融等要素深度融合的背景下与新时代高质量发展的要求下，新质生产力的形成既象征着传统生产力向先进生产力的转型，更标志着生产方式的革命性变革以及效率和质量的进一步提升。

## （二）内涵阐释：新质生产力的构成框架

习近平总书记在2024年6月1日出版的《求是》杂志上发表重要文章《发展新质生产力是推动高质量发展的内在要求和重要着力点》，对新质生产力的相关概念做出了进一步补充与阐释。概括地说，新质生产力是创新起主导作用，摆脱传统经济增长方式、生产力发展路径，具有高科技、高效能、高质量特征，符合新发展理

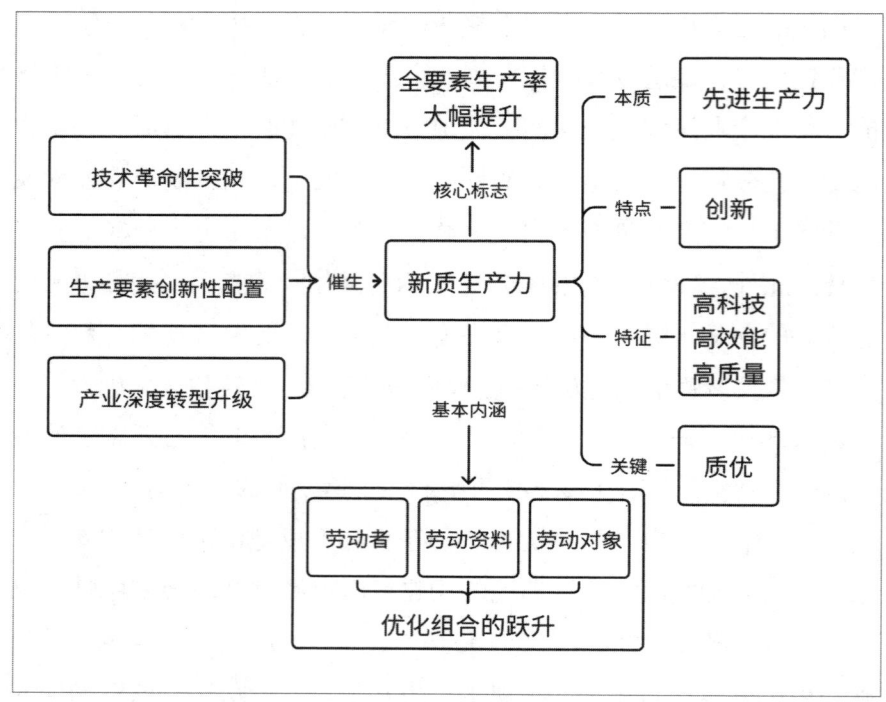

图1-2 新质生产力的构成框架

念的先进生产力质态。它由技术革命性突破、生产要素创新性配置、产业深度转型升级而催生,以劳动者、劳动资料、劳动对象及其优化组合的跃升为基本内涵,以全要素生产率大幅提升为核心标志,特点是创新,关键在质优,本质是先进生产力。

第一,新质生产力的提出与发展以创新为主导作用,具有高科技、高效能、高质量特征。当前,人工智能、量子技术、生命科学、数智技术、绿色技术等一系列全新的科学技术正在不断地推进生产力的前进与发展,在新一轮科技革命与产业变革同中国产业转型的历史性交汇时期,中国同时面临全球经济结构深刻变化和国内发展环境全新转变的双重挑战,迫切需要从传统增长方式和生产力发展路径转型，以创新为主导进一步实现可持续、高质量的发展。新质生产力之所以强调创新的重要性，正是因为科技创新能够催生新产业、新模式、新动能，是实现生产力跃升的核心要素。在此基础之上，新质生产力标志着一种以高科技、高效能、高质量为特征的经济发展新模式：一是强调利用最前沿的科学技术成果来推动产业发展和经济增长；二是更注重资源的有效利用和能源的可持续利用；三是强调产品和服务的高附加值以及经济增长的质量和效益，而非单纯的数量增长，旨在满足人民对美好生活的需求，推动经济结构优化升级，实现经济社会的全面、协调、可持续发展。这种生产力模式突破了传统经济增长依赖高投入、高消耗的局限，转而侧重于创新驱动、智能化升级和绿色发展。

具体而言，新质生产力以技术革命性突破、生产要素创新性配置、产业深度转型升级作为形成的动力源，从而摆脱传统的经济增长方式和生产力发展路径。创新既是新质生产力的核心驱动力，也是其显著特点，其既包括技术和业态模式层面的创新，也包括管理和制度层面的创新。这就意味着，这一核心标志，体现着以下三种催生要素：（1）技术革命性突破。当下，随着新一轮科技浪潮与产业转型的持续深化，新兴科技加速涌现，技术之间日益呈现交叉融合趋势。而在这一过程中，既有的技术路线随时面临着颠覆性的潜在挑战，可能迅速被取代。因此，技术革命性突破是科技创新的集中体现，是新质生产力的主力引擎，主要表现为人工智能、大数据等技术参与下的互联网经济与数字化等现象。（2）生产要素创新性配置。顾名思义，它是指通过创新手段对各类生产要素进行高效、优化的组合与运用。这种配置方式超越了传统的资源分配模式，更加注重资源的协同效应与整体效能，以全要素生产率大幅提升作为核心标志，扮演着控制引擎的角色，表现为技术、人力资源、资本配置、资源配置等方面的创新。（3）产业深度转型升级。新质生产力的产业载体是包括改造提升传统产业、培育壮大新兴产业、布局建设未来产业的现代化产业体系。其以质优为关键，作为加速引擎，表现为技术升级、产品升级、服务升级、创新驱动与绿色发展等方面。简而言之，三者相互作用、共同发力，为新质生产力提供关键动能。

**第二，新质生产力的本质是先进生产力，以劳动者、劳动资料、劳动对象及其优化组合的跃升为基本内涵。**习近平总书记2023年9月在黑龙江考察时强调，要积极培育新能源、新材料、先进制造、电子信息等战略性新兴产业，积极培育未来产业，加快形成新质生产力，增强发展新动能。两大产业主要是基于"新型生产工具"，其中战略性新兴产业和未来产业属于"生产工具"。在2024年1月19日召开的"国家工程师奖"表彰大会上，习近平总书记在阐释"新质生产力"的内容时首次涉及新型劳动者队伍的相关内容。这也就意味着，作为生产力的三要素，"劳动者、劳动资料、劳动对象"在新发展阶段承载了新的要求。中央财经委员会办公室有关负责同志在论述新质生产力时，就从生产力三要素的角度进行了解读：一是打造新型劳动者队伍，包括能够创造新质生产力的战略人才和能够熟练掌握新质生产资料的应用型人才。二是用好新型生产工具，掌握关键核心技术，赋能新兴产业发展。技术层面要补短板、筑长板、重视通用技术；产业层面要巩固战略性新兴产业、提前布局未来产业、改造提升传统产业。三是塑造适应新质生产力的生产关系。通过改革开放着力打通束缚新质生产力发展的堵点卡点，让各类先进优质生产要素向发展新质生产力顺畅流动和高效配置。简而言之，新质生产力以更高素质的劳动者、更高技术含量的劳动资料与更广范围的劳动对象作为基本构造。基于上述三要素，要求以畅通教育、科技、人才的良性循环，加快完善新型举国体制，支持新兴产业和未来产业发展，加快建设全国统一大市场以及健全要素参与收入分配机制，扩大高水平对外开放等措施，帮助各要素实现高效协同，从而迸发出更强大的生产力。

第三，新质生产力的发展关键和目标在质优，以全要素生产率大幅提升为核心标志。如果说新质生产力的"新"指的是创新起主导作用，那么新质生产力的"质"就是全要素生产率大幅提升。从本质上讲，这一指标衡量着生产过程中所有生产要素的综合效率，与单纯依靠增加生产要素投入不同，它反映了生产过程中技术进步和效率改善，是经济增长的"无形资产"。它的大幅提升意味着经济体不仅能以更低的成本生产更多的商品和提供更优的服务，还能更有效地响应环境变化和市场需求，体现了新质生产力的实质和核心。在此基础上可以看出，发展新质生产力的最终目的仍然落脚于满足人民日益增长的美好生活需要。习近平总书记强调："质量是人类生产生活的重要保障。人类社会发展历程中，每一次质量领域变革创新都促进了生产技术进步、增进了人民生活品质。""质优"体现在生产要素和生产过程中，作为生产的前提和过程而存在。这也就意味着，作为一种先进生产力质态，新质生产力符合"创新、协调、绿色、开放、共享"的新发展理念和高质量发展的要求。习近平总书记指出："理念是行动的先导，一定的发展实践都是由一定的发展理念来引领的。"中共十八大以来，中国提出的新发展理念，作为系统的理论体系，回答了关于发展的目的、动力、方式、路径等一系列理论和实践问题，而推动发展新质生产力，也应该与这一理论体系相符合。具体而言，创新是引领发展的第一动力，也是新质生产力的核心要素；协调是实现全面发展的关键因素，也是新质生产力的内在要求；绿色是实现可持续发展的重要保障，也是新质生产力的重要支柱；开放是融入全球经济、拓展发展空间的关键，也是新质生产力的外部条件；共享是发展的根本目的，也是新质生产力的根本目标。

## （三）方向指引：新质生产力的核心目标

新质生产力的核心目标有二：其一在于助推高质量发展这一全面建设社会主义现代化国家的首要任务；其二则是以创新为核心，基于供给侧结构性改革所奠定的基础，进一步发挥乘数运算，从五大创新入手，发展好新质生产力。简而言之，需要抓住"发展"与"创新"两个关键点。

理解新质生产力需要从理解高质量发展着手。正如习近平总书记指出，当下，仍然存在着大量制约高质量发展的因素：从外部环境看，世界百年未有之大变局全方位、深层次加速演进。从内在条件看，中国一些领域关键核心技术受制于人的局面尚未根本改变，城乡区域发展和收入分配差距依然较大，掣肘经济社会高质量发展。从工作推进情况看，有的领导干部仍然存在认识不到位、观念陈旧或能力不足的问题。习近平总书记进一步指出："生产力是人类社会发展的根本动力，也是一切社会变迁和政治变革的终极原因。高质量发展需要新的生产力理论来指导，而新质生产力已经在实践中形成并展示出对高质量发展的强劲推动力、支撑力，需要我们从理论上进行总结、概括，用以指导新的发展实践。"这也就意味着，发展新质生产力是推动高质量发展的内在要求和重要着力点。具体而言，立足于新发展阶段的时代背景、贯彻新发展理念的发展模式、构建新发展格局的目标导向，是实现高质量发展的根本遵循。

把握新发展阶段的关键，就是实现高质量发展。从时代背景看，高质量发展是新发展阶段的"总纲"。2021年起，中国进入新发展阶段，这是在中国全面建成小康社会、完成脱贫攻坚任务、实现第一个百年奋斗目标之后，开始向第二个百年奋斗目标进军的阶段。中国社会的主要矛盾转化为人民日益增长的美好生活需要和不平衡不充分的发展之间的矛盾。而在这一矛盾的影响下，产生了从经济高速增长转向高质量发展的需求，要求打造新动能，促进传统动能的转换和质的飞跃。立足国内视角，发展不平衡不充分的问题仍然严峻，凸显了高质量发展的迫切性与重要性；而在国际视野之下，国际环境的不确定性和复杂性要求中国在新发展阶段保持战略定力，积极应对外部变化和挑战。总体上讲，中国发展进入了一个重要战略机遇期，而高质量发展正是实现上述目标的关键，是当前和未来一段时期中国经济社会发展的核心任务。

高质量发展要求坚持以人民为中心的发展思想，通过新发展理念，推动经济发展实现质量变革、效率变革、动力变革，在致力于满足人民对美好生活的向往的同时，提升国家的综合国力和国际竞争力。可以说，新发展理念为解决发展不平衡不充分的问题提供了理论方向。简要来说，创新发展解决发展动力问题，通过将创新置于核心位置，强调通过科技进步、管理创新和制度改革不断提升发展的内在动力，从而推动经济结构优化和产业升级；协调发展解决发展不平衡问题，促进区域、城乡及社会各阶层之间的和谐，致力于缩小发展差距，实现更加均衡和谐的社会状态；绿色发展解决人与自然的和谐问题，通过强调环境友好和资源节约，将生态文明建设纳入发展全过程和各领域，坚持"绿水青山就是金山银山"；开放发展注重发展内外联动问题，倡导更高水平的对外开放，积极参与全球治理，通过国际合作与竞争促进自身创新与成长；共享发展则注重解决社会公平正义问题，强调让发展成果普惠于全体人民，不断提升人民生活质量，实现社会公平正义。可以说，上述五个维度，

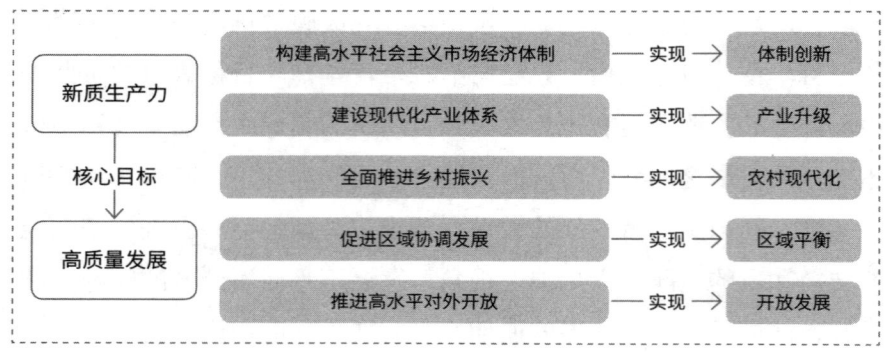

图 1-3 新质生产力助推高质量发展

共同为高质量发展提供了根本指导原则。

从目标导向看，高质量发展则是新发展格局的核心要义，因为它不仅关乎经济增长的速度和规模，更关乎经济增长的质量、效益和可持续性，强调在全球化背景下，通过内部改革和创新驱动，提升国家的经济实力和国际竞争力。"十四五"规划和 2035 年远景目标提出的加快构建以国内大循环为主体、国内国际双循环相互促进的新发展格局，是一项关系中国发展全局的重大战略任务。

中国共产党二十大提出加快构建新发展格局，着力推动高质量发展，其中包含了五项具体内容：一是构建高水平社会主义市场经济体制，二是建设现代化产业体系，三是全面推进乡村振兴，四是促进区域协调发展，五是推进高水平对外开放。具体而言：（1）构建高水平社会主义市场经济体制，是为了更有效地激发市场活力和社会创造力，通过完善市场机制和政府干预，实现资源配置的最优化，保障经济运行的效率和公正，从而提升整体经济的质量和竞争力。（2）建设现代化产业体系，目的在于通过技术革新和产业升级加速经济结构的转型，以科技创新为核心推动产业发展，提高产业链的价值，促进经济增长方式从数量扩张向保证质量、效益转变。（3）全面推进乡村振兴，关键在于解决城乡发展不平衡的问题，通过提升农业现代化水平和改善农村环境，实现农业与农村的全面发展。(4) 促进区域协调发展，旨在通过优化区域发展战略和政策协同，解决区域发展不平衡的问题，实现资源在不同区域间的合理分配和利用，促进国家经济的均衡发展。(5) 推进高水平对外开放，则是为了通过国际合作与交流，引入外部资源和先进技术，提升国内经济的开放性和竞争力，同时为全球经济治理贡献中国智慧和方案。

除了以助推高质量发展为核心目标以外，新质生产力的提出与发生于2015年以后的供给侧结构性改革一脉相承。换句话说，新质生产力在优化产业结构、推动产业升级等方面发挥着至关重要的作用，这与供给侧结构性改革的目标和路径高度一致。可以说，作为关注发展新动能、创新起主导作用、以全要素生产率大幅提升为核心标志的新质生产力，与供给侧结构性改革之间构成了一个"破"与"立"的关系。可以说，前者承担着"破"的工作，而以形成发展新动能为主要目的的新质生产力则发挥了"立"的作用。将传统生产力理论体系与新质生产力理论体系进行对比，"加""减""除"的运用基本类似：通过补齐短板的"加法"，扩大供给推动发展；通过去产能、去杠杆、降本增效的"减法"，减轻压力，提高市场竞争力；通过解决环境污染、体制机制障碍等制约经济发展的瓶颈问题的"除法"，为经济发展扫清障碍。而在"乘法"的运用上，不同于传统生产力理论主要通过创新发展来挖掘经济增长动力，新质生产力除了以创新为主导作用，还有包括更多数据要素、绿色发展、数实融合在内的其他乘数效应。

尽管如此，供给侧结构性改革与新质生产力之间也存在明显的不同。具体而言，供给侧结构性改革更注重"加、减、乘、除"四则运算的综合运用，全方位地解决发展问题，而新质生产力则更加侧重"乘法"的运用，因此，我们可以将新质生产力理解为在供给侧结构性改革的四则运算中"乘法"的集中体现。也就是说，如果我们把供给侧结构性改革比喻为"加、减、乘、除"四则运算的综合运用，那么新质生产力就是做连续"乘法"，最终使得发展的综合乘数效应呈现出"幂运算"的指数级增长。而在这其中，特别是要进一步落实"数据要素×"三年行动计划，以"协同"实现全局优化，提升产业运行效率，增强产业核心竞争力；以"复用"扩展生产可能性边界，释放数据新价值，发挥数据生产要素的正外部性、

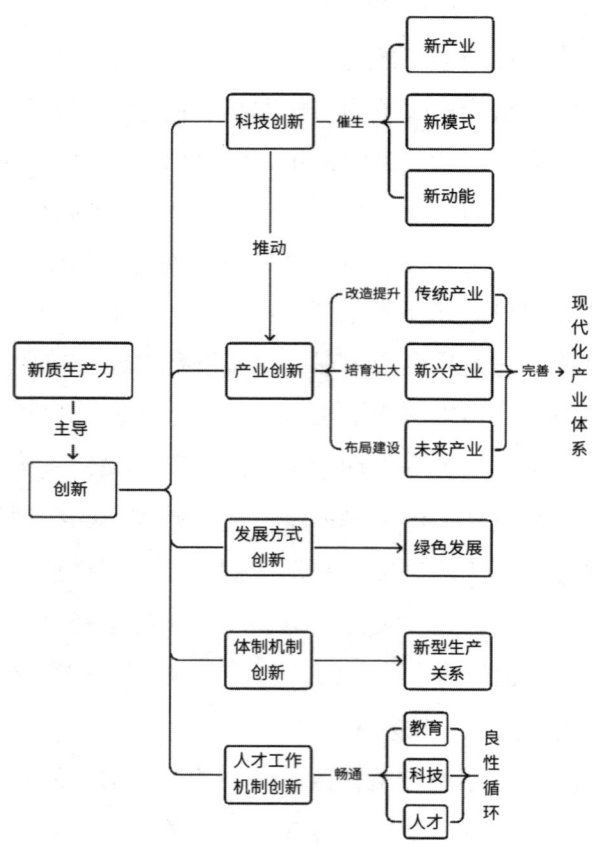

图 1-4 以创新为核心发展新质生产力

深刻把握数据要素价值的运动规律，拓展经济增长新空间；以"融合"推动量变产生质变，催生新应用、新业态，培育经济发展新动能。

具体来说，需要从五大创新方面发展好新质生产力：

第一，**大力推进科技创新**。新质生产力主要由技术革命性突破催生而成。科技创新能够催生新产业、新模式、新动能，是发展新质生产力的核心要素。这也就意味着，未来需要聚焦国家战略和经济社会发展的现实需要，强化国家战略科技力量，以关键共性技术、前沿引领技术、现代工程技术、颠覆性技术创新为突破口，充分发挥新型举国体制优势，使原创性、颠覆性科技创新成果竞相涌现，培育发展新质生产力的新动能。

第二，**以科技创新推动产业创新**。一方面，及时将科技创新成果应用到具体产业和产业链上，完善现代化产业体系，并围绕发展新质生产力布局产业链；另一方面，围绕推进新型工业化和加快建设制造强国、质量强国、网络强国、数字中国等战略任务，大力发展数字经济，促进数实深度融合，其中特别要用创新科技推进现代农业发展，保障国家粮食安全。

第三，**着力推进发展方式创新**。在意识层面，牢固树立和践行"绿水青山就是金山银山"的理念；在应用层面，加快绿色科技创新和先进绿色技术推广应用，做强绿色制造业，发展绿色服务业，壮大绿色能源产业，并持续优化支持绿色低碳发展的经济政策工具箱，发挥绿色金融的牵引作用，打造高效生态绿色产业集群；在社会层面，大力倡导绿色健康的生活方式。

第四，**扎实推进体制机制创新**。新质生产力既需要政府超前规划引导、科学政策支持，也需要市场机制调节、企业等微观主体不断创新，是政府"有形之手"和市场"无形之手"共同培育和驱动形成的。因此，要深化经济体制、科技体制等改革，着力打通束缚新质生产力发展的堵点卡点，建立高标准市场体系，创新生产要素配置方式，让各类先进优质生产要素向发展新质生产力顺畅流动。同时，要扩大高水平对外开放，为发展新质生产力营造良好国际环境。

第五，深化人才工作机制创新。首先需要畅通教育、科技、人才的良性循环，完善人才培养、引进、使用、合理流动的工作机制。这就要求根据科技发展新趋势，优化高等学校学科设置、人才培养模式，为发展新质生产力、推动高质量发展培养急需人才，并着力培养造就战略科学家、一流科技领军人才和创新团队，着力培养造就卓越工程师、大国工匠，加强劳动者技能培训，不断提高各类人才素质。除此之外，还需要健全要素参与收入分配机制，激发劳动、知识、技术、管理、资本和数据等生产要素活力，更好体现知识、技术、人才的市场价值，营造鼓励创新、宽容失败的良好氛围。

简而言之，上述效应和路径的践行可以极大地提升中国发展的速度和质量，为经济的持续增长注入新的动力。在当前的发展形势下，新质生产力已成为推动中国经济转型升级、实现高质量发展的重要引擎。我们应充分认识新质生产力的重要性，充分发挥其在创新驱动、绿色发展、数实融合等方面的乘数效应，为中国经济的持续繁荣注入源源不断的活力。

# 第二章 核心要素：科技创新

"创新"一直以来都是实现经济发展方式转变的关键。在创新的不断加持下，当前国内大批传统的劳动密集型产业正在向更复杂的高价值产业转型升级。在全球范围内，历史发展与技术升级绘制了一幅错综复杂的地图，将中国的创新路径嵌套其中。高技术创新不断推动人工智能、数字经济等关键领域的产业进步，创新驱动成为中国经济的自觉追求。如今的创新，特别是技术创新早已突破传统的增长边界，在赋能企业引领行业趋势的同时，不断推动中国迈向更具创新性、韧性和可持续性的高质量发展未来。

中国共产党二十大报告明确指出"高质量发展是全面建设社会主义现代化国家的首要任务"。历史经验表明，健康、稳定、可持续的发展是中国建设社会主义现代化强国的关键和基础。当前世界正面临百年未有之大变局，国际地缘政治新格局正在演进，生成式人工智能、新能源、生物科技等新技术的研发和应用日新月异，全球产业链、价值链不断重组变迁，产业竞争成为塑造国际权力格局的关键力量。在新的形势下，加快技术的创新应用和产业转型，保持中国在国际竞争中的优势地位是至关重要的时代命题。

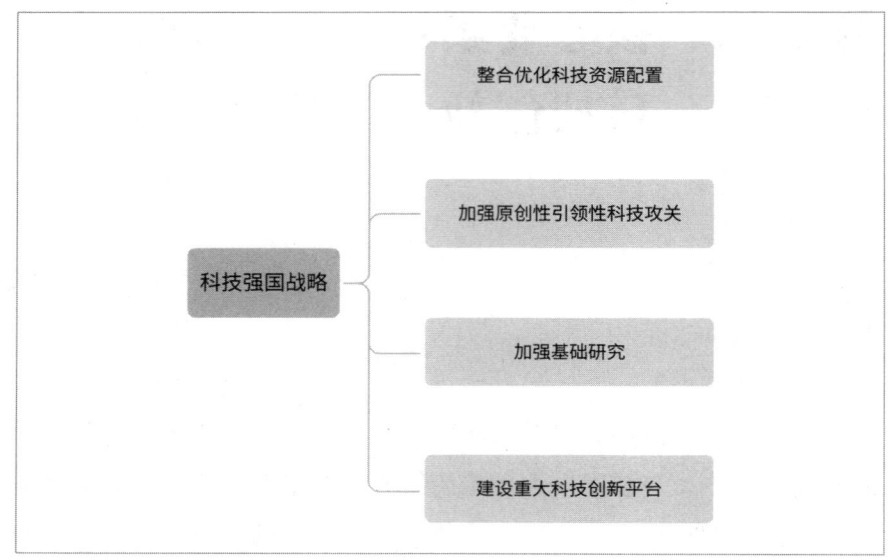

图 2-1 科技强国战略结构图

## （一）核心变量：以创新驱动加速新质生产力的形成

在二十届中央政治局第十一次集体学习上，习近平总书记指出："新质生产力的显著特点是创新，既包括技术和业态模式层面的创新，也包括管理和制度层面的创新。必须继续做好创新这篇大文章，推动新质生产力加快发展。"中国需要围绕科技创新、产业创新、发展方式创新、体制机制创新、人才工作机制创新这五大创新理念，推动新质生产力的全面发展。

作为新经济时代的产物，新质生产力强调的不仅仅是一种全新的生产力形态，更是一种新的发展理念和新的发展方式。新质生产力的灵魂在于创新驱动，本质是通过技术进步和制度创新来推动经济发展。这一概念一方面植根于马克思主义关于推动生产力发展的经典理论土壤，另一方面生长于中国特色社会主义现代化事业的生动实践，二者共同作用，为中国的产业转型指明了方向。深入理解新质生产力的理论内涵和实践形式，探讨如何抓住创新驱动这一核心变量、推动新质生产力发展，是非常重要的时代命题。

回顾历史，每一次生产力与社会变革都是在以创新为核心的科技进步背景下产生的。科技革命不断带来新的生产力，从而引发产业变革，新的生产要素也随之成为关键的生产资料。中国在科技领域也已历经从边缘到先锋的这一角色转变，在这曲折且漫长的过程中，中华民族的前途命运与科技创新能力紧密相连。在第一次工业革命前，中国的发展在自然经济自给自足的状态下逐渐"迷失"，专制主义中央集权制度与封建制度的日趋腐朽，重农抑商、闭关锁国给中国科技发展进程按下了"暂停键"。而在历经第一次工业革命与第二次工业革命后，中国在低科技水平与西方国家的高压封锁下彻底沦为世界科技发展的附庸。中国近代史下的苦难历程让越来越多的中国人意识到"落后就要挨打"，自立创新才是缩小差距的制胜关键。

表 2-1 三次工业革命对比

| 对比项 | 第一次工业革命 | 第二次工业革命 | 第三次工业革命 |
| --- | --- | --- | --- |
| 时间 | 18世纪60年代至19世纪40年代 | 19世纪60年代至20世纪初 | 20世纪四五十年代开始 |
| 中心 | 英国 | 欧美 | 美国 |
| 理论基础 | 牛顿力学定律 | 法拉第电磁感应学说 | 爱因斯坦相对论 |
| 主要标志 | 蒸汽机的发明和使用 | 电力、内燃机的发明和使用 | 原子能、航天技术、计算机、生物工程 |
| 历史时代 | 蒸汽时代 | 电气时代 | 信息化时代 |
| 重要成果 | 蒸汽机、汽船、火车等 | 汽车、飞机、电灯、电话、无线电等 | 原子弹、人造卫星、计算机等 |

而新中国成立后，我们仍然面临着自主创新和科技能力"一穷二白"的局面。科技与生产力之间是相互促进的，想要生产力加快发展，就必须提升科技水平。从国际地位来看，科技能力更是代表着话语权。中国在经历了长时间的科技边缘化后，需要通过实际行

动来弥补这一不足。1956年4月，毛泽东在《论十大关系》一文中指出："我们这两条缺点，也是优点。我曾经说过，我们一为'穷'，二为'白'。'穷'，就是没有多少工业，农业也不发达。'白'，就是一张白纸，文化水平、科学水平都不高。从发展的观点看，这并不坏。穷就要革命，富的革命就困难。科学技术水平高的国家，就骄傲得很。我们是一张白纸，正好写字。"正因如此，20世纪的后50年里，在"两弹一星""863计划"等政策与战略的不断落实下，科技与生产力之间的关系便开始在中国得到修复和完善。

与此同时，自20世纪中叶起，人类社会迎来了一场以原子能技术、航天技术、计算机技术等为代表的新科技革命。这场革命不仅推动了全球科技的发展，还对国际政治格局产生了重要影响。在此期间，美苏两国展开激烈争霸，科技较量成为其竞争的重要方面，并迅速蔓延至全球。20世纪60年代，面对严峻的国际形势，以毛泽东同志为核心的党中央领导集体果断作出独立自主研制"两弹一星"的战略决策，为中国提供了更为安全的发展环境。20世纪七八十年代，随着改革开放政策的推行，中国科技创新迎来蓬勃发展。得益于先进技术的加速引进与扩散，中国在世界科技领域的追赶步伐显著加快。同时，美国的"星球大战计划"、欧洲的"尤里卡计划"和日本的"科学技术立国"战略使全球科技竞争愈发激烈。作为发展中的大国，中国必须通过创新迎接更多挑战，以在世界格局中站稳脚跟。

1978年，邓小平提出"科学技术是第一生产力"的论断；1986年3月，中国科技发展迎来了另一个转折点。由王大珩、王淦昌、杨嘉墀、陈芳允联合签名的《关于跟踪世界高技术发展的建议》正式递交。报告建议中国应面对世界新技术革命的挑战，不甘落后，从现在起用有限的资金和人力跟踪新技术的发展，否则将贻误时机。

1986年11月18日，中共中央、国务院发出关于转发《国家高技术研究发展计划（"863"计划）纲要》的通知，为中国高新科技的快速发展奠定了基础。

此后，中国与发达国家的科技差距逐步缩小。在新中国70多年的发展历程中，先后提出了"向科学进军""科学技术现代化""科学技术是第一生产力"等重要论述，并施行了"科教兴国""人才强国""建设创新型国家""创新驱动发展"和"科技强国"等战略，用以提升科技与生产力水平。近代以来，中国从世界工业革命、科技革命浪潮的落伍者，经过全面提升，实现了从边缘到先锋的转型，创新在其中扮演了至关重要的角色。纵观工业革命史，每次科技革命和产业变革都是从点上突破、局部爆发的。新质生产力作为新时代高质量发展的关键力量，在未来产业和战略新兴产业发展的过程中，预示着中国需要承担新时代领导者的角色，成为引领科技潮流的新策源地，在百年变局中创造更多机遇。

从生产力发展的角度出发，实现创新"硬实力"与"软实力"的优化平衡至关重要。这一过程要求技术实力与系统性改革相结合，即借助制度与管理创新的"软实力"和高水平开放和区域协调发展环境下的"硬实力"，共同推动中国经济"翻山越岭"。与此同时，在追求高质量发展的大背景下，技术创新成为生产框架转型的关键，其显著特征在于对知识、技术和信息依赖程度的不断增强。2024年6月24日，习近平总书记在全国科技大会、国家科学技术奖励大会、两院院士大会上的讲话中指出："坚持创新引领发展，树牢抓创新就是抓发展、谋创新就是谋未来的理念，以科技创新引领高质量发展、保障高水平安全。"技术创新所孕育的新产业、新业态、新动能，正成为发展新质生产力的内生动力。未来产业和战略性新兴产业正是在这一背景下，通过科技创新、制度创新、管理创新的合力作用加速发展，从而赋能新质生产力。

科技创新作为提升硬实力的核心驱动力，是发展新质生产力的关键。随着第四次工业革命的兴起，以人工智能、大数据、物联网为代表的新一代信息技术，正以前所未有的速度改变着传统的生产方式。企业通过引入智能化生产线，实现自动化和定制化生产，在大幅提高了生产效率、满足了消费者日益个性化的需求的同时，应用绿色低碳技术，如新能源、清洁生产等，也促进经济向更环保、更可持续的方向转型。这些新质生产力的涌现，既增强了经济的韧性和活力，也为应对全球气候变化等挑战提供了有力支撑。

然而，仅仅从技术的角度提升硬实力难以持久推动经济的高质量发展。虽然技术创新和产业升级对经济增长有着直接的推动作用，但长期而言，更需要以创新思维，用教育和人才培养为基石，通过提升国民素质、培养创新意识，为科技创新提供源源不断的智力支持。这是因为，科技创新和产业升级需要有具备相应知识技能和创新思维的人才作为支撑，而这些人才的培养离不开优质的教育体系和持续的人才发展战略。中国自2015年起实施的"双一流"计划，旨在建设世界一流大学和一流学科，提升高等教育的整体水平。这一举措通过加大对高等教育的投入、优化教育资源配置，培养更多高水平的科研人才，为国家的科技创新提供坚实的智力支持。

历史上每一次社会变革都在创新的作用下产生了深远的影响。创新已经成为时代发展的主流趋势。为了洞察未来经济的发展方向以及新质生产力的形成密码，我们迫切需要付诸实际行动，寻求答案。科技强国战略、新型举国体制等，正是中国在新时代背景下针对科技创新和发展所采取的重要举措。这些举措体现了创新在实践中的应用，以及中国对于科技创新的重视和迫切需求，并为新质生产力的发展和创新体系的构建提供了强有力的支持。

## （二）战略举措：科技强国与新型举国体制共同发力

2012年9月，中共中央和国务院联合发布《关于深化科技体制改革加快国家创新体系建设的意见》，这份里程碑式的文件首次明确提出"新中国成立100周年时成为世界科技强国"的奋斗目标。为了实现这一目标，要求"大力提高自主创新能力，发挥科技支撑引领作用，加快实现创新驱动发展"。时至2024年，技术创新的浪潮已深度融入各行各业的生产实践中，与生产力的发展紧密相连。中国的科技强国战略，不仅是对科技发展的坚定承诺，更是推动创新和新技术研发的重要基石。这一战略正在构建起中国与世界科技交流与对话的桥梁，让中国的科技发展与全球科技趋势紧密相连。

要想深入理解科技强国战略，首先需要从全球科技强国的视角进行考察。在解读"科技"这个词时，可以将其拆分为"科学""技术"和"创新"三个层面：(1)科学，主要是对客观规律的阐述和探究；(2)技术，涉及产品制造、工艺流程以及解决各种问题的实际方法和知识；(3)创新，代表着从创意产生到产品商业化转化的整个过程。进一步地，当我们谈论世界科技强国时，"强"这个字具有双重含义：一方面，它是一个动词，意指一个国家通过增强科技实力和创新能力，努力提升自身的国际地位；另一方面，它是一个形容词，用来描述一个国家在全球科技领域的领先地位和强大实力。中国实施科技强国战略的核心在于以创新驱动发展为主导，结合科教兴国和人才强国两大战略，全面推进科技创新；目标在于实现颠覆性和原创性的科技突破，特别是在关键核心技术的攻坚战中取得突破，以此培育新的生产力增长点，最终实现科技自立自强。

从本质上讲，科技强国战略与新质生产力是紧密相连的。对研发的大规模投资、数字基础设施的策略性关注，以及监管框架的重新设计，不仅正在重塑经济格局，还在引领技术发展的未来方向。科技强国战略正是基于技术创新与生产力提升之间的协同效应，从而支撑中国在全球科技领域取得领先地位。在持续的技术政策和创新投入下，发展与创新的融合将更加紧密，为技术创新和扩散创造有利环境。这将进一步发挥新质生产力的催化剂作用，从而利用各地的优势和能力在全国范围内提升生产力。在未来，随着新型举国体制的完善，科技与发展的协同效应将更加显著。

2023年中央经济工作会议强调，完善新型举国体制，实施制造业重点产业链高质量发展行动，加强质量支撑和标准引领，提升产业链供应链韧性和安全水平。因此，在理解新质生产力时，我们不仅要关注新兴产业在科技应用方面的质的差异，还要深入挖掘产业链、供应链和价值链各环节之间的协作潜力。这种深度的协作是新质生产力的核心要素，而要实现这一目标，我们需要从国家层面全面整合发展力量，确保各项发展举措落到实处。这其中，新型举国体制是非常关键的组成部分。

新型举国体制将国家发展和国家安全作为其最高目标。2016年8月发布的《"十三五"国家科技创新规划》指出：新型举国体制要为提升国家综合竞争力、保障国家安全提供强大支撑。实现国家发展不仅是党和国家工作的核心，而且是解决所有问题的关键。新型举国体制的构建，体现了"创新、协调、绿色、开放、共享"的新发展理念，旨在转变发展方式，不断提高发展的质量和效益。

新型举国体制强调科学统筹、集中力量、优化机制、协同攻关。2022年9月6日，习近平总书记主持召开的中央全面深化改革委员会第二十七次会议，审议通过了《关于健全社会主义市场经济条件下关键核心技术攻关新型举国体制的意见》。会议强调，健全关键核心技术攻关新型举国体制，要把政府、市场、社会有机结合起来，科学统筹、集中力量、优化机制、协同攻关。"集中力量办大事"是中国的优良传统,体现为"科学统筹"和"优化机制"。这意味着,通过统一筹划和资源整合,推进各项工作,展现了党总揽全局的重要作用。"优化机制"指通过政府的机制协同、改革深化,释放科技和生产力潜能,从而提升整体效能。"协同攻关"强调政府和市场相互协作,攻克尖端科技或国家级重大项目。

新型举国体制以现代化重大创新工程作为战略抓手。习近平总书记强调,应利用国家科技重大专项和重大工程集中力量抢占制高点。这要求通过国家重大科技项目和现代化重大创新工程,在关键领域突破核心技术,提升创新工程建设效益,实现整体性能和综合效益的最优化。

新型举国体制的核心在于创新发展的制度安排。新型举国体制作为制度的创新安排,是中国特色社会主义市场经济条件下的一种制度性组织方式,代表着国家治理体制的变革和政治体制的新安排,展现了创新性和与时俱进的特点。

新型举国体制就是从国家层面出发,通过优化资源配置和协作实现技术和产业进步。这一体制以国家重大需求为导向,瞄准关键核心技术和"卡脖子"领域,既充分发挥市场在资源配置中的决定性作用,又充分发挥了中国社会主义制度集中力量办大事的优势,

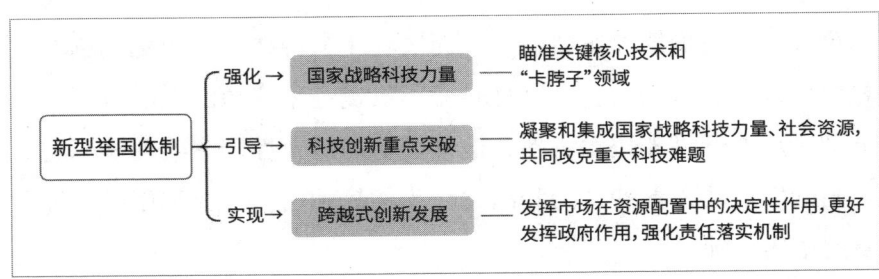

图 2-2 新型举国体制的结构示意图

通过体制创新为科技创新提供动力。新型举国体制在新的发展阶段、新的发展理念和新的发展格局下，又形成了集中力量办大事的协同机制。这种协同机制不仅有助于应对当前的挑战，更将为中国未来的发展奠定坚实的基础。

中国各地方的创新生态系统也在新型举国体制下蓬勃发展。东部沿海地区凭借其良好的区位优势和丰富的创新资源，继续发挥引领带动作用，推动产业链向高端发展。中西部地区则聚焦优势产业，加大政策扶持力度，加快产业转型升级，创新成效逐渐凸显。其中互联网企业作为技术创新的重要力量，有力地推动了数字经济的繁荣和产业转型升级。尽管全国各地高新技术产业发展迅速、变化显著，但创新和产业发展的地区差异仍然存在。因此，我们正在努力寻求科学技术发展与构建新型国家体系之间的平衡点，以更好地集中人力、物力、财力和技术资源，聚焦科技战略目标，形成强大的突破力量，加速前沿基础研究和重大关键核心技术的突破。

与此同时，中国全新的综合性国家治理体系在建设创新生态体系方面发挥着重要作用。一方面，新体系下的制度标志着从传统的自上而下管理模式向更具协作性和响应性的模式的转变。这一转变整合了市场导向的决策过程和资源配置，实现了更高的效率和效益。通过这种方式，新体系促进了技术创新和产业发展的进程，同时向更为平衡和全面的创新方法迈进。另一方面，新体系还强调实现技术突破和市场价值的重要性，从而实现了从传统模式向更具创新性和协作性的模式的转变。这种转变不仅提高了资源配置的效率，也推动了产业升级和技术创新。这种全新的综合性国家治理体系将为中国的发展注入新的动力和活力，为构建和谐、开放和创新的社会奠定坚实基础。

## （三）创新生态："技术—数据—AI"的三维赋能作用

技术创新、数据要素和人工智能作为中国创新战略的三大支柱，各自发挥着至关重要的作用。在当前全球经济竞争愈发激烈的背景下，这三者相互促进、共同发展，为中国经济的持续增长、产业结构的优化升级以及国家竞争力的提升注入了强大的动力。

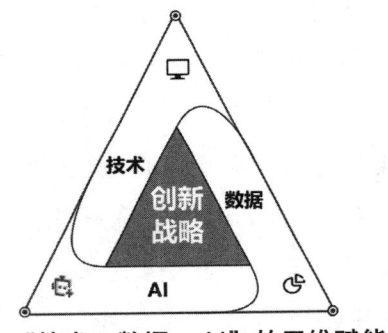

图 2-3 "技术—数据—AI"的三维赋能作用

随着中国在全球创新领域的崛起，技术创新与政策制定之间的互动已成为推动国家进步的关键催化剂。中国创新战略的核心在于发挥颠覆性技术的关键作用，并致力于促进技术原创性和实质性进步。培育具备高度原创性和颠覆性技术进步的产业，已成为一项明确且具有深远战略意义的任务。

在新时代，战略性新兴产业和未来产业是新质生产力的重要组成部分，也是理解新质生产力概念的重要维度。诸如新能源、新材料、先进制造和电子信息等战略性新兴产业，尽管产品形态和应用领域各异，但它们都具有一个显著的共性，即科技要素的复合作用。这一复合作用主要体现在以下两个方面：

首先，新兴产业的系统产品依赖于不同技术领域的子系统高度集成来实现其创新功能，导致产品属性变得高度模糊。以汽车产业为例，当前的电动化、智能化和网联化趋势涉及电化学、微电子和无线通信等多个领域。技术领域的融合使得汽车产品的属性发生了深刻变化，动力电池和智能驾驶功能已成为汽车产业的核心竞争点。

**其次，新兴产业的产品制造过程具有高精度和高纯度的要求，这导致了与传统产业截然不同的工装工艺体系。**以加工技术为例，传统机床主要基于力学原理进行切削和磨抛加工。随着产品性能要求的提高，传统制造工艺已无法满足需求。为了达到严格的表面缺陷指标，各种基于力、热、声、光、电等复合原理的新型工艺工装体系应运而生，并对传统产业产生了深远影响。例如，一体化压铸技术依赖于高精度伺服阀的应用；高性能航空发动机的叶片采用电解加工工艺，这一工艺甚至涉及了家喻户晓的光刻设备。

总体而言，如果说传统产业主要涉及某一门传统自然科学学科内部知识体系的应用，那么新兴产业之所以具有新质生产力的属性，是因为其科技要素具有跨领域、跨学科和跨阶段的复合特征。随着技术水平的不断提升和技术创新的持续赋能，新兴产业在更优质的"创新土壤"中茁壮成长，新质生产力也在创新的滋养下迅速壮大。

在理解新质生产力的概念时，我们不能仅仅局限于战略性新兴产业和未来产业。除了产品功能和性能等静态要素，生产要素之间的高效协同也是新质生产力的一个重要维度。在探索新质生产力的过程中，我们需要关注新兴产业在科技应用上与传统产业的质的差异，同时也要认识到挖掘产业链、供应链和价值链各环节之间协作效能的重要性。这种协作效能是新质生产力的必要组成部分，而要实现这一目标，对数据要素的充分挖掘是关键。

从20世纪50年代开始，美国作为世界制造业的领军者，率先掀起了数值控制的热潮，致力于通过信息技术大幅提高企业生产经营效率。经过几十年的探索，企业在信息化和生产自动化方面取得了丰硕的成果。信息化能如此显著地提高生产力的关键在于信息化实现了物理世界信息向数字比特信息的转换，在信息世界里实现了物理世界难以想象的加速迭代。例如，将制造过程中的数据提取汇总到数据面板，流程中的阻塞点便一目了然，生产管理因此能够实现精准优化。在产品研发中，基于模型和参数的数值仿真能大幅节约实物仿真的成本和时间，甚至在一些特殊场景如核武器和高超音速飞行器设计中，数值仿真几乎成为唯一手段。

在新时代，挖掘数据要素已成为生成新质生产力的重要路径，这需要技术和产业基础的支持。公众可能更熟悉挖掘数据要素的技术，如区块链、物联网和 AI 大数据等，它们是构建行业级和区域级产业生态协作的基础。但产业微观生态的"丰度"也同样重要，即产业内是否具备足够的资源和条件。例如，欧美国家虽然对产业数字化投入了大量热情，但由于实体经济的空心化，数字技术的应用受到了限制。相比之下，中国本土企业的创新实践，如希音等标杆企业对中小服装厂的改造，由于因地制宜从而展现了巨大的生机。

然而，我们也应认识到，尽管当前中国产业界在挖掘和利用数据要素方面热情高涨，并已有许多成功案例，但这些成果还未能广泛惠及实体经济。在技术能力供给侧，中国数字经济商业模式正处于从 C 端消费向 B 端产业转型的探索阶段；而在技术能力需求侧，新的数字技术部署与应用存在脱节现象。许多大型企业集团实施了数十甚至上百个 IT 项目，但实际管理流程仍依赖于传统的微软办公软件和微信等工具，企业管理风格的转型仍任重道远。

在新质生产力建设中，"硬科技"的攻坚克难和高端突破固然重要，但同时也应高度重视数字经济的发展并大力扶持产业链协同。例如，通过具有高度公信力的第三方机构作为产业链协同平台的建设主体，有助于解决当前制约供应链信息交互的信任问题。如今，数据要素作为新质生产力的核心变量，正通过不断创新为生产力注入活力。许多颠覆性技术源自外部学科领域在理论和技术跨学科、跨领域方面的交叉应用。特别是物质、能量、信息等领域的科学和技术突破具有强基础性和高通用性特点，能够广泛应用于经济社会各个领域。新一代信息技术如云计算和人工智能等的应用范围越来越广、作用过程越来越复杂、迭代速度越来越快，正在重塑众多传统行业。

在通用人工智能以前所未有的速度渗透到各行各业的同时，它也催生了全新的生产力元素，为社会发展注入了强大的动力。这种新质生产力既提供了源源不断的发展动能，更为我们创造了巨大的价值空间。通用人工智能正在成为引领时代变革的重要力量，其影响力和潜力正逐渐显现。习近平总书记多次对人工智能的重要性和发展前景作出重要论述。他指出，人工智能是引领这一轮科技革命和产业变革的战略性技术，具有溢出带动性很强的"头雁"效应；加快发展新一代人工智能是我们赢得全球科技竞争主动权的重要战略抓手。

作为新产业变革的关键驱动力，人工智能已在研发设计、生产制造等领域展现出惊人的实力。2017年7月国务院正式印发《新一代人工智能发展规划》，预测到2030年，中国人工智能核心产业的规模将突破1万亿元，并带动相关产业规模超过10万亿元。因此，积极推进人工智能与各行业的深度融合，形成新的生产力，已成为当前最为紧要的任务。

在生产过程中，人工智能的应用对提升生产力起到了至关重要的作用。它通过自动化处理烦琐、重复的任务，显著提高了工作效率，释放人力资源，为企业节省大量成本。同时，人工智能的算法和模型能够快速分析大量数据，为企业提供精准的市场分析和预测，助力企业做出更明智的决策。此外，人工智能技术还能够实现更高水平的自动化和智能化，不仅可以替代传统的机械自动化，提高生产效率，而且还可以解决跨行业的复杂业务问题，为企业的持续发展提供了强有力的支撑。

从自动化到智能化的发展，既是未来生产力的重要标志，又是文明形态跃迁的关键路径。马克思在《资本论》中指出，生产工具不仅反映了人类劳动力的发展程度，还是社会关系的指示器。从蒸汽机到自动化生产的变革，重新塑造了人与自然、人与人以及人与自身的关系，释放出前所未有的生产力发展和社会变革的潜能。在近现代的一个多世纪里，自动化生产创造了比过去所有世代都要多的生产力，催生了数字时代的来临。尤其值得我们关注的是，人工智能作为模拟人类思维能力的技术，正在被更广泛地应用，例如宁波博士团队在工业生产线上植入的"类人智能"。这种能够"比学赶超"的人工智能，可能会成为我们探索新质生产力的突破口。

然而，人工智能技术的广泛应用也带来了一些挑战，例如数据安全和隐私保护等问题。在使用人工智能技术的过程中，我们需要进行全面而细致的考虑和规划，以确保其在推动生产力发展的同时，不产生其他负面影响。

## （四）案例分析：科技创新驱动企业发展的"中兴故事"

在全球化与信息技术革命的交汇点上，企业不仅扮演着经济发展的重要引擎，更成为科技创新的关键载体，引领着社会进步的新方向。在这个充满变革的时代，企业通过融合全球资源与前沿技术，不断加速创新成果的孵化与应用。一方面，全球化为企业提供了广阔的市场空间和丰富的资源池；另一方面，信息技术革命赋予了企业前所未有的创新能力。

具体而言，通过跨越国界，吸纳世界各地的人才、技术和资本，可以形成多元化的创新生态。其中，跨国公司通过设立研发中心，利用不同国家的比较优势，促进了技术创新的国际化合作，加速了新产品和服务的全球推广。此外，全球化还推动了标准的统一和市场的整合，降低了企业进入新市场的门槛，为创新成果的快速扩散创造了有利条件。与此同时，大数据、云计算、人工智能等新兴技术的应用，极大地提升了企业的研发效率和决策水平，这使得企业能够实时收集和分析海量数据，洞察市场需求变化，从而精准地定位创新方向。数字化转型也促使企业内部管理更加高效，工作流程更加灵活，为员工创新思维的激发提供了沃土。中兴通讯股份有限公司是其中较为典型的企业之一。中兴通讯当前正在用自己的方式与创新紧密融合，释放发展的巨大动能；2023年研发费用252.89亿元，同比增长17.07%，占营收比重的20.35%，彰显了其对科技创新的承诺与追求。

科技创新极大地释放了数字生产力。凭借5G Advanced（5G-A）技术，除了构建数字化基础设施以外，更主要的是解放数字生产力并赋能万物互联，推动数字经济高质量发展。5G-A技术的突破，不仅驱动了实体经济的数字重构，实现了虚拟与现实世界的深度融合，还激发了新消费、新场景、新模式的涌现，加速了经济增长动能的转换。在5G-A技术的引领下，中兴取得了多项重大创新成果，如全球首次S频段5G NTN技术验证、国内首次5G手机直连卫星场景验证，以及5G NTN技术与环境监测等应用的融合验证。此外，中兴与广东移动合作，完成了全国首个大规模5G RedCap商用部署，这一技术可降低网络复杂度和终端成本，拓展工业互联网、车联网等应用场景，显著降低数字化进程的成本。

与此同时，科技创新对于实现智能制造有着显著的推动作用。这一作用的核心，是以5G为代表的前沿信息技术与实体产业的深度融合，开创了制造业数智化升级的全新路径，从而重铸了实体生产力的基石。中兴率先在其工厂内部署5G技术，不仅加速了5G基站和网络设备的大规模生产，更重要的是它构建了一个高度智能化、集成化的生产体系。这一体系将信息通信技术与制造业的实际需求紧密结合，通过5G的高速、低延迟特性，实现了生产设备之间的无缝连接和实时交互，极大地提升了生产线的灵活性和效率，同时也为制造业的数字化、柔性化、服务化和绿色化转型铺平了道路。这一系列创新举措，不仅重塑了企业自身的实体生产力，还为全球制造业的转型升级提供了鲜活的案例和可行的模板。5G技术的规模化商用和应用创新，展现了信息通信技术在推动实体产业高质量发展方面的无限可能，为制造业的未来描绘了一幅充满活力和希望的图景。

不仅如此，塑造创新人才为创新体系的构建提供了源源不断的动力。通过深化产学研合作，加强国际科技交流，以及积极参与行业标准制定，企业不仅可以为社会输送一批批顶尖科技人才，更在此过程中不断丰富和完善了自身的创新生态体系。"蓝剑计划"作为中兴人才培养体系的旗舰项目，聚焦于选拔与培养百名科技领军人才，通过高强度的专业技能培训与领导力开发，锻造新一代通信行业的技术领袖。他们不仅将在原创科研成果的产出上发挥关键作用，还将受益于公司的"快车道"机制，获得加速个人职业发展的宝贵机会，将个人潜能转化为推动企业核心竞争力提升的强大动力。

如今，科技创新已不仅仅是企业生存的附加选项，更是发展的关键基石，是企业在激烈市场竞争中立于不败之地的制胜法宝。做好创新这篇大文章，对于企业而言，意味着不仅要从内部挖掘潜力，加大科技创新的投入，还要放眼全局，紧密贴合国家的发展战略，勇于探索技术领域的"无人区"，以创新之力突破技术的桎梏，开辟新的发展空间。只有这样，企业才能在激烈的全球竞争中保持领先，用科技创新为推动国家科技进步和社会繁荣作出更大的贡献。

# 第三章 布局未来：产业创新

从全球趋势来看，随着新一轮科技革命与产业变革向纵深推进，发展新质生产力已成为赢得国际竞争战略主动权的关键。与此同时，当前中国正处于经济转型和产业升级的关键时期，面临着来自多方面的挑战。一方面，中国正努力从传统的投资和出口驱动型增长模式转向创新驱动、内需主导的经济增长模式。这需要对产业结构进行深度调整，提高经济的质量和效率。另一方面，面对全球科技竞争日益激烈的形势，中国亟须加强自主创新能力，特别是在关键核心技术领域取得突破，以确保产业链、供应链的安全和稳定。

在这一背景下，中国可以从五个方面推动新质生产力的发展：(1)加大对基础研究和应用基础研究的投入，突破关键核心技术，如人工智能、量子信息、生物技术等前沿领域，为新质生产力发展提供技术支撑。(2)推动传统产业与新一代信息技术深度融合，发展工业互联网、智能制造，提升产业链现代化水平。(3)加强创新型、应用型、技能型人才的培养，吸引全球高端人才，为新质生产力发展提供智力支持。(4)鼓励体制机制创新，深化科技体制改革，完善科技创新激励机制，优化科技资源配置，激发创新主体活力。(5)培育新兴产业集群，打造创新型产业生态系统，促进产业链、创新链、资金链、人才链的有机融合。其中，产业生态构建也是新

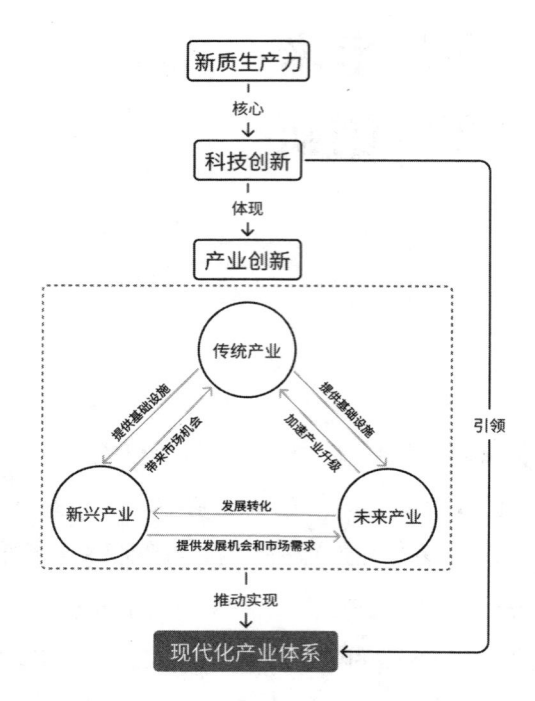

```
                        ┌─────────────┐
                        │  新质生产力  │
                        └──────┬──────┘
                               │ 核心
                               ↓
                        ┌─────────────┐
                        │   科技创新   │──────┐
                        └──────┬──────┘      │
                               │ 体现         │
                               ↓             │
                        ┌─────────────┐      │
                        │   产业创新   │      │
                        └─────────────┘      │
                                             │ 引领
          (传统产业 — 新兴产业 — 未来产业)    │
                                             │
                               ↓ 推动实现     │
                        ┌─────────────┐      │
                        │ 现代化产业体系 │◀────┘
                        └─────────────┘
```

**图 3—1 现代化产业体系的实现路径**

质生产力最终的落地和实践环节，其布局和发展成为中国未来的重中之重。

面对全球化竞争和技术变革，中国必须通过产业创新来重塑经济结构，提升国际竞争力。科技成果转化为现实生产力，表现形式为催生新产业、推动产业深度转型升级。因此，我们要及时将科技创新成果应用到具体产业和产业链上，改造提升传统产业，培育壮大新兴产业，布局建设未来产业，完善现代化产业体系。

## （一）转型升级：重塑传统产业的价值体系

目前，中国经济增长虽然总体平稳，但传统产业已明显不足以支撑中国未来的经济发展，无法为中国的经济发展持续提供动能。新中国成立 70 多年以来，中国形成了以传统重工业和日用消费品工业为主的产业结构，纺织、食品、化工、煤炭、水泥、汽车、电子等行业占全部工业的比重较大。但是，近年来，随着制造业进入微利时代，制造业资本流失严重。国家统计局发布的《2023 中国工业经济运行报告》显示，2023 年，规模以上工业企业利润比上年下降 2.3%，企业亏损面为 21.6%。

因此，中国传统产业的转型势在必行。产业转型将会延续和扩大中国产业体系完整性的优势，释放更多经济发展动能。从产业体系完整性可以看到，中国是全世界唯一拥有联合国产业分类中全部工业门类的国家。这个举世无双、行业齐全的工业体系，使中国拥有了其他国家无法比拟的产业配套能力、技术成果产业化能力和抗风险能力。过去，传统产业是中国经济的基石，改革开放 40 多年中国不仅发展了完整的产业链条，并且一步一步在全球价值链中爬升。今天，中国处在全球价值链的上游，在已经具备尖端科技创新创造的能力、将中国制造转为中国创造的同时，也提高了劳动力成本和生活成本。传统的产业行业的优势已不再突出，已经不能为中国的经济增长持续提供动能，中国传统产业面临着转型升级的巨大压力。

尤其是在当前全球经济格局深刻变革、新一轮科技革命和产业变革加速推进的背景下，重塑传统产业的价值体系也成为各国产业升级和经济转型的重要课题。美国哈佛商学院著名战略学家迈克尔·波特（Michael E.Porter）在其 1985 年的著作《竞争优势》（Competitive Advantage）中提出的价值链理论强调，企业应通过优化内部价值活动和外部价值网络来提升竞争优势。而同样，在数字经济时代，在国与国的全球化合作与竞争板块之下，中国的传统产业也需要重新审视和重构其价值链，以适应新的竞争环境。

自工业革命以来，世界的产业转型与升级也随着技术的发展时刻处于进行时。约瑟夫·熊彼特（Joseph Schumpeter）在 20 世纪初提出的创新理论曾对现代经济学和创新管理产生了深远影响。他认为创新是经济发展的根本动力，是"创造性破坏"的过程；创新不仅限于技术层面，还包括多个维度，如引入新产品或提高现有产品质量，采用新的生产方法，开辟新的市场，获得新的原材料或半成品供应来源，实现新的组织形式。当前，德国和日本等老牌制造业国家都在进行产业升级与转型。德国"工业 4.0"推动制造业数字化、网络化、智能化，重塑传统制造业的价值体系。西门子公司建立的"数字化工厂"是典型代表，通过物联网、大数据、人工智能等技术，实现生产过程的全面优化和个性化定制。日本"社会 5.0"提出"超智能社会"愿景，通过数字技术赋能传统产业。例如，丰田汽车公司正从传统汽车制造商向"移动出行服务提供商"转型，开发自动驾驶、车联网等技术，拓展新的价值创造空间。

这些理论也给当前的中国传统产业升级以新的启示。一方面是引入新技术，将技术与产业融合，提高生产效率和产品性能，如传统制造业加速采用人工智能和大数据优化生产流程。另一方面是市场创新，开拓新的细分市场或用户群，如传统家电企业进军智能家居市场。总的来说，中国传统产业价值体系的重塑在于将数字经济与实体经济深度融合。数字技术、数字经济作为世界科技革命和产业变革的先机，日益融入经济社会发展各领域、全过程，全球经济数字化转型已是大势所趋。数据要素也将引领劳动力、资金、土地、技术、管理等要素网络化共享、集约化整合、协作化开发和高效化利用，将推动各类资源要素快速流动，有效降低交易成本，提升资源配置效率。

目前，中国在重塑传统产业价值体系方面也进行了积极探索。

比如在制造业数字化转型方面，以"智能制造"为主攻方向，推动传统制造业与新一代信息技术深度融合。重塑传统产业价值体系的关键在于三个重要方面：

一是技术创新，引入先进技术，提高生产效率和产品质量。技术创新是重塑传统产业价值体系的核心驱动力之一。通过引入先进技术，传统产业可以显著提高生产效率、改善产品质量，并开发新的产品和服务，从而增强市场竞争力。这一过程不仅涉及生产技术的升级，还包括管理流程的优化和商业模式的创新。以钢铁行业为例，智能制造技术的应用正在深刻改变传统的生产模式。一方面是数字化转型，采用工业互联网和大数据技术，实现生产全流程的数字化管理。通过实时监测和分析生产数据，优化生产参数，提高产品质量稳定性。另一方面是智能化生产，引入人工智能和机器学习算法，实现生产过程的自动化和智能化。例如，利用计算机视觉技术进行产品质量检测，提高检测精度和效率。然而，技术创新的实施也面临诸多挑战，如高昂的投资成本、技术人才短缺、传统思维方式的制约等。因此，钢铁企业需要制定长期的创新战略，加强产学研合作，培养创新人才，构建开放的创新生态系统，以实现持续的技术进步和产业升级。

二是商业模式创新，探索新的商业模式，拓展价值链。商业模式创新是重塑传统产业价值体系的另一关键方面。它涉及企业如何创造、传递和获取价值的根本性变革，能够帮助传统产业突破发展瓶颈，开辟新的增长空间。在当前数字经济和服务经济蓬勃发展的背景下，商业模式创新对传统制造业的转型升级尤为重要。"制造＋服务"的商业模式创新不仅能够帮助制造企业提高盈利能力，还能增强客户黏性，提升品牌价值。同时，它也推动了制造业向高端化、智能化、绿色化方向发展，促进了产业结构的优化升级。然而，实现这种转型也面临诸多挑战，如组织结构调整、人才培养、服务能力建设等。企业需要进行全方位的变革，包括战略重塑、组织重构、流程再造和文化重塑。此外，还需要政府在政策、法规等方面的支持，以及整个产业生态系统的协同创新。

三是绿色发展，为传统产业转型升级提供了新的机遇和方向。通过清洁生产、循环经济和绿色技术创新，传统产业可以实现可持续发展，构建资源节约型、环境友好型的产业体系。具体而言，这要求企业重新设计生产流程，提升资源利用效率，将废弃物转化为有价值的资源。例如，在钢铁行业，余热回收、废渣资源化利用等措施，可以构建起完整的产业循环体系，大幅提高资源利用效率。此外，绿色技术创新在连接传统产业与新兴绿色经济方面发挥着关键作用。通过绿色技术创新，传统产业可以提高能源效率、减少污染排放、开发绿色产品，从而提升竞争力并开拓新的市场。例如，汽车制造业通过发展新能源汽车技术，不仅降低了传统汽车的环境影响，还培育了新的增长点。

## （二）战略高地：开辟新兴产业的未来战场

战略性新兴产业是由科技创新，特别是原创性、颠覆性科技创新驱动的产业，具有知识技术密集、物质资源消耗少、成长潜力大、综合效益好等特点，代表了产业升级方向，已经成为新的支柱产业，对经济社会全局和长远发展具有引领带动作用。因此，新兴产业是引领未来经济发展的重要力量。在新一轮科技革命和产业变革深入发展的背景下，战略性新兴产业逐渐成为全球经济竞争的主阵地、主战场，世界主要经济体持续加强对战略性新兴产业的战略布局和政策支持，大力推动人工智能、半导体、生物技术、新能源等新兴产业发展，以抢占新兴产业发展主导权、掌握未来竞争主动权。

2023年8月，工业和信息化部联合科技部、国家能源局、国家标准委印发《新产业标准化领航工程实施方案（2023—2035年）》，聚焦新一代信息技术、新能源、新材料、高端装备、新能源汽车、绿色环保、民用航空、船舶与海洋工程装备等8大新兴产业，以及元宇宙、脑机接口、量子信息、人形机器人、生成式人工智能、生物制造、未来显示、未来网络、新型储能等9大未来产业，统筹推

### 中国三个"五年规划"比较

| | 十二五规划(2011—2015) | 十三五规划(2016—2020) | 十四五规划(2021—2025) |
|---|---|---|---|
| 政策定位 | 全面建设小康社会的关键时期，加快转变经济发展方式的攻坚时期 | 全面建成小康社会决胜阶段 | 开启全面建设社会主义现代化新征程，向第二个百年奋斗目标进军的第一个五年 |
| 发展环境 | 后全球金融危机时代 | 全球经济增长乏力贸易保护主义兴起 | 全球经济增长疲弱 |
| 政策重点产业 | 1. 节能环保<br>2. 新一代信息技术<br>3. 医药生物<br>4. 高端装备制造<br>5. 新能源<br>6. 新材料<br>7. 新能源汽车 | 1. 新一代信息技术<br>2. 医药生物<br>3. 高端装备制造<br>4. 新能源<br>5. 新材料<br>6. 新能源汽车<br>7. 航空航天 | 1. 新一代信息技术<br>2. 生物技术<br>3. 新能源<br>4. 新材料<br>5. 高端装备<br>6. 新能源汽车<br>7. 绿色环保<br>8. 航空航天<br>9. 海洋装备 |

图3-2 中国三个"五年规划"比较

进标准的研究、制定、实施和国际化。

其中，新兴产业是以先进技术为支撑、发展新质生产力的主阵地之一。进入新时代以来，新一轮科技革命和产业变革迅猛推进，迫切需要转变发展方式，推动经济发展质量变革、效率变革、动力变革。战略性新兴产业正是孕育、应用这些新技术的优质土壤，它以数字技术等诸多通用目的技术为支撑，具有强大的渗透与融合能力，能够与各产业深度融合，推动生产效率提升。近年来，以数字

技术与传统产业深度融合为表征的产业数字化已成为数字经济发展的主流趋势。与此同时，作为技术创新的前沿，战略性新兴产业不仅自身发展迅速，而且引领和带动其他产业的技术创新，产生积极示范效应。

第一，新一代信息技术产业主要包括电子信息制造业以及软件和信息技术服务业，重点发展人工智能、大数据、云计算、物联网等技术。中国在人工智能领域，加强 AI 芯片、算法和应用研发，推动各行业智能化转型。AI 芯片朝着更高性能、更低功耗的方向发展，以支撑大规模 AI 模型的训练和推理。算法方面，深度学习、强化学习等技术不断突破，提升 AI 的认知能力、推理能力和创造力。在应用层面，AI 正渗透到工业、医疗、金融、教育等诸多领域，推动智能制造、智慧医疗、智能金融等新业态发展。未来，AI 将与物联网、5G 等技术深度融合，加速各行业的数字化、网络化、智能化转型，提升生产效率，创造新的经济增长点。工信部公开资料显示，2023 年，中国规模以上电子信息制造业实现营业收入 15.1 万亿元，营业成本 13.1 万亿元，实现利润总额 6,411 亿元，营业收入利润率为 4.2%。

第二，新能源产业重点发展光伏、风能、氢能等清洁能源，推动能源结构转型。光伏发电技术不断进步，转换效率持续提升，成本不断下降，正在加速替代传统能源。风能技术也在不断突破，海上风电、漂浮式风电等新技术拓展了应用空间。氢能作为清洁的二次能源载体，在交通、工业等领域具有广阔前景。此外，智能电网、新型储能等配套技术的发展，为大规模利用可再生能源创造了条件。推动能源结构向清洁低碳转型，不仅有利于改善环境，也将培育新的经济增长点，促进能源产业升级。

第三，新材料产业是关系国家安全和发展大局的战略性、基础性、先导性产业。中国已经形成了全球门类最齐全、体系较为完整、规模第一的材料产业体系，先进储能材料、光伏材料、超硬材料等新材料产能居世界前列。中国正在重点研发高性能材料、智能材料等，支撑产业升级。高性能材料如碳纤维、高温合金等，可大幅提升航空航天、汽车等领域的性能。智能材料如形状记忆合金、自修复材料等，赋予产品新的功能。石墨烯、金属玻璃等前沿材料也在不断取得突破。纳米材料、仿生材料等新兴领域充满潜力。这些新材料的发展和应用，将推动传统产业转型升级，催生新兴产业，对提升产品性能、降低资源消耗具有重要作用。

第四，高端装备制造业是装备制造业的高端领域，技术含量高，处于价值链的高端和产业链的核心环节，决定着整个产业的综合竞争力。中国正全力推进智能制造、工业机器人、增材制造（一般指3D打印）等技术的研发和应用。智能制造技术正在重塑传统制造业，通过人工智能、物联网和大数据的应用，实现生产过程的智能化和柔性化，大幅提高生产效率和产品质量。工业机器人正在向更智能、更灵活的方向发展，可以适应更复杂的生产环境，在汽车、电子等行业广泛应用。增材制造技术则为复杂结构件的制造提供了新的可能，在航空航天、医疗等领域具有广阔前景。这些高端装备的发展将显著提升中国制造业的整体水平，推动产业向价值链高端攀升。

第五，新能源汽车领域，中国正加速推进电动化、智能化、网联化发展。在电池技术方面，不断提高能量密度，延长续航里程，同时降低成本。中国在智能驾驶方面，加快自动驾驶技术的研发和应用，提高车辆的智能化水平；在充电基础设施建设方面，加快充电网络布局，发展快充技术，解决用户的里程焦虑；此外，还在积极探索氢燃料电池汽车等新技术路线。通过这些努力，中国正在建立新能源汽车产业的全球竞争优势，推动汽车产业的转型升级。

第六，绿色环保产业已经成为绿色经济的重要力量。中国正大力发展污染治理技术、资源循环利用技术、生态修复技术等。中国环保技术工艺和装备水平不断提升，电除尘、袋式除尘、脱硫脱硝等烟气治理技术已达到国际先进水平；城镇污水和常规工业废水处理，已形成多种成熟稳定的成套工艺技术和装备；污水深度处理、VOCs 治理、固体废弃物处理和资源化以及土壤修复领域技术装备水平快速提升；环境监测技术在自动化、成套化、智能化、立体化和支撑管理部门精准监管方面进步显著。中国在水污染治理领域，正在开发高效的污水处理技术和水体修复技术；在大气污染治理方面，推进烟气脱硫脱硝、VOCs 治理等技术的应用；在固体废弃物处理方面，发展垃圾分类、资源化利用等技术；同时，还在积极发展环境监测、环境大数据等新兴领域。绿色环保产业的发展不仅有助于改善生态环境，还将创造巨大的市场机遇，推动经济绿色转型。

第七，民用航空领域，特别注重低空经济的潜力和发展。工信部发布的《中国低空经济发展研究报告（2024）》显示，2023 年中国低空经济规模达 5,059.5 亿元，增速为 33.8%。乐观预计，到 2026 年低空经济规模有望突破万亿元。中国正加快推进大型客机、支线客机、通用航空器等的研发和产业化。截至 2024 年 8 月，中国民航拥有运输飞机 4,335 架，运输机场 262 个，机场总容量达 16 亿人次。近年来，民航大力推动机场网、航线网建设，在京津冀、长三角、粤港澳大湾区和成渝四大世界级机场群建设及各枢纽机场建设不断推进的同时，在政策、资金等多方面支持中西部和支线机场建设，使机场体系结构更加均衡。大型客机 C919 已实现商业运营，未来将继续优化性能，扩大市场份额。在支线客机领域，ARJ21 已投入规模化运营，持续提升可靠性和经济性。中国在通用航空方面，积极发展低空旅游、应急救援等新兴市场；同时，还在积极布局下一代民用飞机技术，如电动飞机、超音速客机等，这些举措将进一步提升中国在全球航空产业链中的地位。

**第八，推动海洋工程装备和高技术船舶发展。**中国正在向高技术、高附加值领域迈进。海洋工程装备和高技术船舶处于海洋装备产业链的核心环节，2023年，全国造船完工量4,232万载重吨，同比增长11.8%；新接订单量7,120万载重吨，同比增长56.4%；截至2023年12月底，手持订单量13,939万载重吨，同比增长32.0%。中国造船完工量、新接订单量和手持订单量以载重吨计分别占全球总量的50.2%、66.6%和55.0%，以修正总吨计分别占47.6%、60.2%和47.6%，各项指标国际市场份额均保持世界第一。中国在船舶制造领域，中国重点发展大型邮轮、液化天然气（LNG）运输船等高端船型；在海洋工程装备方面，加快深水油气开发装备、海上风电装备等的研发和产业化；同时，还在积极布局智能船舶、极地船舶等新兴领域。此外，海洋资源开发装备、海洋环境监测装备等也是重点发展方向。这些努力将显著提升中国在全球船舶与海洋工程装备市场的竞争力。

加快发展新质生产力，为中国积极培育战略性新兴产业和未来产业指明了方向，对于加快建设现代化产业体系具有重要意义。我们要抓住全球产业结构和布局调整过程中孕育的新机遇，勇于开辟新领域、制胜新赛道，在推进产业基础高级化、产业链现代化的同时，打造生物制造、商业航天、低空经济等若干战略性新兴产业，开辟量子科技、生命科学等未来产业新赛道，建设具有完整性、先进性、安全性的现代化产业体系，为全面建成社会主义现代化强国夯实物质技术基础。

## （三）科学布局：描绘未来产业的发展蓝图

未来产业是引领未来经济社会发展的重要力量，是培育和发展新质生产力的关键领域。目前，中国政府高度重视布局未来产业发展。2020年4月1日，习近平总书记在浙江考察时首次提出未来产业，强调要"抓紧布局数字经济、生命健康、新材料等战略性新兴产业、未来产业"。2020年10月14日，习近平总书记在深圳经济特区建立40周年庆祝大会上的讲话中指出，"要围绕产业链部署创新链、围绕创新链布局产业链，前瞻布局战略性新兴产业，培育发展未来产业，发展数字经济"。《中华人民共和国国民经济和社会发展第十四个五年规划和2035年远景目标纲要》明确部署，"在类脑智能、量子信息、基因技术、未来网络、深海空天开发、氢能与储能等前沿科技和产业变革领域，组织实施未来产业孵化与加速计划，谋划布局一批未来产业"。

从国家层面的顶层设计看，中国中长期未来产业发展思路与重点领域的蓝图正在逐渐展开。中国正处于经济转型升级的关键时期，必须以战略性新兴产业为重点抓手，不断开辟新领域新赛道、塑造发展新动能新优势，推动高质量发展。为此，我们需要从多个方面着手，构建完整的产业生态系统，全面推进未来产业的发展。

一是推动战略性新兴产业与未来产业融合集群发展。首先是构建新一代信息技术产业集群，以5G、人工智能、大数据、云计算、区块链等为核心，推动信息技术与各行业深度融合；重点发展集成电路、新型显示、高端软件等领域，打造完整的产业生态链；加快工业互联网建设，推动传统制造业数字化转型。其次是推进新能源产业发展，大力发展光伏、风能、氢能等清洁能源，提高可再生能源在能源结构中的比重；加强智能电网、储能技术的研发和应用，

```
┌─── 八大新兴产业 ───┐        ┌─── 九大未来产业 ───┐
│ 1. 新一代信息技术   │        │ 1. 元宇宙          │
│ 2. 新能源          │        │ 2. 脑机接口        │
│ 3. 新材料          │        │ 3. 量子信息        │
│ 4. 高端装备        │   ⇆    │ 4. 人形机器人      │
│ 5. 新能源汽车      │        │ 5. 生成式人工智能  │
│ 6. 绿色环保        │        │ 6. 生物制造        │
│ 7. 民用航空        │        │ 7. 未来显示        │
│ 8. 船舶与海洋工程装备│        │ 8. 未来网络        │
│                    │        │ 9. 新型储能        │
└────────────────────┘        └────────────────────┘
```

**图 3-3 新兴产业与未来产业融合集群发展**

提高新能源的利用效率；推动能源互联网建设，实现能源生产、传输、存储、消费的智能化。再次是加快新材料产业创新，重点发展高性能复合材料、先进半导体材料、新型显示材料、智能材料等；加强材料基因工程研究，推动新材料设计、制备、应用一体化发展，促进新材料在航空航天、电子信息、能源环保等领域的广泛应用。最后是壮大航空航天产业，加快大型客机、新一代运载火箭、卫星等重大项目研制，发展商业航天、通用航空等新兴领域，推动航空航天技术向民用领域转化，培育新的经济增长点。

二是提升政策支撑和统筹协调力度。强化财税、金融、产业、投资、科技、环保、区域等政策统筹协调，在谋划发展战略、集聚高端要素、优化市场环境、培育产业生态等方面持续发力，加强全产业链攻关、全要素支持、全生态发展。北京、上海、浙江、深圳等地率先制定实施关于未来产业的发展规划、行动计划、实施方案与配套政策举措，把前瞻布局未来产业作为拼经济、谋长远的重头戏，并提出中长期未来产业发展蓝图。截至 2024 年 4 月，全国约有 20 个省市围绕类脑智能、量子信息、基因技术、未来网络、深海空天开发、氢能与储能等前沿科技和产业变革领域布局未来产业发展，各地谋划发展未来产业的势头方兴未艾。以深圳为例，2013年深圳在全国率先部署培育海洋、航空航天、生命健康等未来产业，经过多年培育支持，这些未来产业已经成为国内领先、国际先进的战略性新兴产业。2022年深圳市再次出台实施《深圳市培育发展未来产业行动计划》，其中合成生物、区块链、细胞与基因、空天技术等四个未来产业处于扩张期，5—10年内有望实现倍数级增长，脑科学与类脑智能、深地深海、可见光通信与光计算、量子信息等四个未来产业处于孕育期，10—15年内有望成为战略性新兴产业中坚力量。

在强化财税政策支持方面，中国正在完善高新技术企业税收优惠等政策；设立战略性新兴产业发展基金，引导社会资本投向关键领域；优化政府采购政策，支持创新产品应用。同时创新金融支持方式，发展科技金融，推动银行、证券、保险等金融机构加大对战略性新兴产业的支持力度；鼓励创业投资、私募股权投资等支持初创企业成长；推动知识产权证券化，拓宽融资渠道。在完善产业政策方面，制定战略性新兴产业发展规划，明确重点发展方向和目标；建立动态调整机制，及时将具有重大引领带动作用的新兴产业纳入支持范围；完善产业准入标准，优化市场环境。同时优化投资政策，加大政府投资对战略性新兴产业的支持力度，重点投向基础设施、公共服务平台等领域；引导社会资本投向战略性新兴产业，鼓励企业加大研发投入；推动国际合作，吸引外资参与新兴产业发展。在加强科技政策支撑方面，则需要实施重大科技专项，突破关键核心技术；完善产学研合作机制，促进科技成果转化；建设国家实验室、技术创新中心等创新平台，提升原始创新能力；建立跨部门协调机制，统筹各项政策措施；加强中央和地方的政策衔接，形成政策合力；建立政策评估和调整机制，提高政策实施效果。

三是按照因地制宜发展新质生产力的要求，**优化产业布局**。构建梯次培育发展体系，在部分地区率先打造一批具有国际竞争力的战略性新兴产业集群。首先是构建梯次培育发展体系，根据产业发展阶段和区域特点，分类指导、分步推进。鼓励东部沿海地区率先发展高端产业，打造全球价值链高端环节；支持中西部地区发挥资源优势，培育特色优势产业。一方面聚焦北京、上海、武汉、西安等科教资源优势突出的区域，瞄准前沿技术、抢占未来产业发展制高点；依托国家实验室等战略科技力量，超前部署一批能够变革经济社会发展的颠覆性技术方向；利用市场竞争机制筛选最具竞争力的产品和企业。另一方面支持中西部地区立足传统优势产业与特色应用场景，推动未来技术与传统制造、特色农业的融合创新；依托未来城市、未来医疗、未来交通、未来社区等重点应用场景集中发力，"优中培精"孵化培育若干特色鲜明的赋能创新型未来产业；促进东中西部产业梯度转移和协同发展；对于成熟度高的产业，重点推动规模化发展和应用推广。

　　四是要加紧打造具有国际竞争力的产业集群。首先是选择基础条件好、创新能力强的地区，集中力量打造世界级产业集群。对于新兴前沿领域，应加强基础研究和技术攻关，培育未来产业。京津冀、长三角、粤港澳大湾区等产业基础优势突出的区域，可以依托产业链布局创新链，探索产学研协同攻关和产业链上下游联合攻关，鼓励龙头企业布局未来产业前沿领域，培育一批未来产业"链主"企业，积极引导未来产业中的专精特新中小企业成长为国内领先的"小巨人"企业；推动产业链上下游企业集聚，形成协同创新、融合发展的产业生态。其次是培育新兴产业增长极，在重点城市和产业园区布局一批战略性新兴产业项目，形成产业集聚效应。

　　培育和发展未来产业是一项系统工程，需要政府、企业、科研机构等多方共同努力。我们要坚持创新驱动，突破关键核心技术；

要注重融合发展,推动产业链、创新链、资金链、人才链深度融合;要优化政策环境,为产业发展提供有力支撑;要加强统筹协调,形成区域协同发展格局。通过这些举措,我们将能够不断开辟新领域、新赛道,塑造发展新动能、新优势,推动中国经济高质量发展,在全球产业竞争中占据有利地位。

## (四)案例分析:科技赋能产业发展的"腾讯案例"

在新时代的发展背景下,科技的快速进步为经济社会的发展提供了强大的驱动力。作为中国领先的科技公司,腾讯不仅在互联网和数字技术领域处于前沿,还通过科技创新推动新质生产力的发展,并在多个领域取得了显著成效。腾讯凭借其强大的技术实力和创新能力,正在不断探索"科技+"的多元化应用场景,从工业制造到文化遗产保护,腾讯以科技为引擎,推动社会各领域的转型升级。

在航空领域,腾讯通过其自研的游戏引擎技术,成功实现了跨界应用,展示了科技与工业深度的融合。通过与南航翔翼的合作,双方共同成立了全动飞行模拟机(Full Flight Simulator, FFS)视景联合项目。这一项目基于腾讯自研的引擎技术,攻克了民用领域全动飞行模拟机的关键技术,成功研发出国产自研视景系统。这一重大突破使中国成为全球第三个能够自主研发视景系统的国家,不仅填补了中国在这一关键技术上的空白,还推动了全球飞行模拟产品的代际升级。这一成就展示了游戏技术在高端工业领域的潜力,标志着中国在民用航空技术上的重要进展,也为未来科技与工业的深度融合提供了新的思路和方向。

腾讯的科技创新不仅局限于工业领域。在文化遗产保护领域,腾讯与敦煌研究院合作开展的"数字藏经洞"项目尤为引人注目。

这个项目不仅旨在利用先进的数字技术复原和展示敦煌莫高窟第17窟的历史风貌，还体现了腾讯在"科技＋文化"战略下的深远思考和布局。"数字藏经洞"项目不仅是单纯的数字化复原工程，更是腾讯探索"科技＋文旅"深度融合的重要尝试。

通过高精度的激光扫描、照片重建和游戏引擎技术，腾讯与敦煌研究院的团队成功将藏经洞1:1复现到数字空间，实现了毫米级的精度。这不仅精确再现了藏经洞的物理结构，还通过程序化内容生成技术和基于物理的渲染技术，生动再现了藏经洞从洞窟开凿、文物存藏到流散各地的整个历史过程。通过这样的数字化复原工作，历史文化遗产得以在虚拟空间中得到更长久的保存和展示，使更多人能够在全球范围内感受中华文明的魅力。

在"数字藏经洞"项目中，腾讯不仅提供了视觉上的复原，还通过数字互动技术为用户带来了沉浸式的文化体验。这种技术的应用，使用户可以通过数字平台，轻松探索藏经洞的历史场景和文物背后的故事，深入了解中国乃至世界中古史的丰富内涵。腾讯还设计并开发了虚拟人伽瑶，基于其强大的游戏引擎技术，通过实时驱动、动作捕捉和高精度渲染等多项技术支持，实现了逼真的视觉效果和互动功能。作为数字敦煌的文化大使，伽瑶通过虚拟展览、直播和科普等形式，与公众进行互动，进一步推广敦煌文化。这种科技与文化的结合，不仅为文化遗产的保护提供了新的手段，也为文化传播提供了更加生动传神的方式。

值得注意的是，"数字藏经洞"项目并不仅仅局限于文化遗产保护本身，它更是一种科技与文旅产业结合的探索。通过数字化手段，文化遗产的保护、展示和传播都进入了一个新的维度。游客不必亲临现场，也可以通过虚拟现实设备，甚至通过移动设备，获得沉浸式的文化体验。这种全新的体验方式，不仅提升了文化遗产的传播

51

效果，也为文旅产业注入了新的活力和创意。

　　作为全球少有的"科技＋文化"公司，腾讯通过一系列项目的实践，展示了其在科技创新和文化保护传承方面的深厚实力和广泛应用。这种科技与文化、科技与文旅的深度融合，不仅为文化遗产保护开辟了新的路径，也为文旅产业的发展提供了新的动力和方向。通过这些实践，腾讯不仅展现了其在数字技术领域的领先地位，更体现了其在社会责任方面的担当。未来，随着科技的不断进步，这种融合将会带来更多创新成果，进一步推动经济社会的高质量发展。

# 第四章 关键变革：绿色发展

工业化创造了前所未有的物质财富，也造成了难以弥补的生态创伤。20世纪90年代末至21世纪初，恰逢全球主要发达国家为降低制造成本，将大量的工业产业向低成本国家转移，中国制造以"低成本优势"快速崛起，成为全球制造业的心脏。这也伴随着牺牲环境的沉重代价：第一次全国污染源普查公报的数据显示，2007年度各类源废水排放总量为2,092.81亿吨，废气排放总量为637,203.69亿立方米。庞大的数字背后，是日益严峻的空气污染、水污染和土壤污染等问题。中国制造业亟须从"低成本优势"向"技术、品质、品牌、服务"等全方位综合竞争优势转型，落实中国绿色、低碳、环保的新发展理念。

## （一）角色转变：中国绿色发展引领全球新格局

在全球绿色发展的大潮中，中国正逐步从跟随者转变为引领者。虽然西方国家随着工业革命的兴起率先认识到了绿色发展的重要性，但随着科技革命的深入，他们在这一领域的主导地位逐渐让位于新兴力量。作为全球最大的发展中国家，中国正以惊人的速度从"世界工厂"的角色中蜕变，向着全球绿色发展领航者的身份迈进。这种身份的转变兼顾了内外双重因素，既是中国高质量发展的必然结果，又是新质生产力发展的必然要求。

进入新时代以来，中国积极响应全球绿色呼声，开启了一场由内到外的绿色革命。以生态系统保护修复为例，生态环境部、国家发改委等多部门公布的数据显示，自2012年至2022年，中国以年均3%的能源消费增速支撑了平均6.6%的经济增长，能耗强度累计下降26.4%，煤炭在一次能源消费中的占比从68.5%下降到了56%，全国单位GDP二氧化碳排放下降34.4%；截至2022年下半年，中国已累计建设5万个以上具有地方特色的美丽乡村，90%以上的自然村生活垃圾得到收运处理，比2012年提高了60个百分点；十年间累计完成造林10.2亿亩，森林覆盖率达到24.02%，人工林保存面积达到13.14亿亩，稳居世界第一；防沙治沙2.78亿亩，重点治理区实现从"沙进人退"到"绿进沙退"的历史性转变；新增和修复湿地1200多万亩。

生态保护的显著成果，主要源于中国在绿色技术领域的重大突破和多管齐下的政策推动。所谓"绿色技术"，本质上是在实现资源高效利用的同时，最大化减少对环境影响的新兴技术。目前，中国绿色技术创新工作已取得显著进步，在清洁能源、节能降耗、循环经济等多个领域均有重大突破，绿色技术创新规模显著扩大。此外，2021年国家绿色技术交易中心的正式揭牌，规划在5年内撬动万亿元绿色产业生态，并到2030年建成中国绿色技术创新体系示范样板。在绿色技术创新保障方面，中国绿色金融市场蓬勃发展，绿色债券、绿色基金等金融工具的创新与应用，有效引导社会资本流向绿色项目。截至2023年底，中国境内绿色债券累计发行规模约3.62万亿元，绿色贷款余额超30万亿元，同比增长36.5%。

相关绿色政策的有效实施，使得中国在全球绿色革命的前沿占据了一席之地，尤其是针对可再生能源基础设施的重大投资，其渊源可追溯至早期推行的"中国制造2025"等具有深远意义的倡议。这些战略旨在巩固和推动国家在全球尖端产业领域，特别是可再生能源设备和新能源汽车等关键行业的领先地位。截至2023年上半年，中国可再生能源总装机突破13亿千瓦，约占中国总装机量的48.8%，开发利用规模稳居世界第一；2022年，中国新能源汽车销量突破680万辆，至2023年更是达到了949.5万辆，占全球一半以上。这一成就不仅彰显了中国的实力，更引领了全球绿色转型的潮流。

中国在绿色发展领域的贡献并非仅局限于国内，而是通过"一带一路"倡议等将绿色技术融入了全球基础设施项目。基于"一带一路"倡议，中国先后出台了《关于推进绿色"一带一路"建设的指导意见》《"一带一路"生态环境保护合作规划》《关于推进共建"一带一路"绿色发展的意见》等系列文件，为绿色丝绸之路建设提供了制度支撑。此外，清洁能源革命的大力推动，包括全面停止新建境外燃煤电站项目、审慎处理在建项目等，极大地帮助了沿线国家实现减排目标、提升电气化水平，带动沿线国家共同迈向低碳未来。同时，中国将减排、水土保持、生物多样性保护等关键目标纳入发展规划，确保基础设施建设与自然环境和谐共生，不仅有助于改善全球能源结构，也促进了沿线国家经济的绿色转型。

尽管中国在绿色发展的道路上进步显著，但仍面临着一些亟待解决的难题。长期以来，中国的经济发展在较大程度上依赖于传统资源消耗型企业，从传统的产业和生产关系中解脱出来就要全面推动经济社会的绿色转型。在"双碳"目标的指引下，这一过程不仅涉及产业结构的调整，还包括能源结构、交通方式、生活方式等方面的深刻变革，并且需要在保持经济稳定增长的同时，确保绿色转型的顺利进行。

新质生产力的发展，正为中国提供了一个摆脱传统发展模式、实现"弯道超车"的机会。新质生产力本质上也是一种绿色生产力，通过这种绿色生产力可以进一步倒逼国内产业转型，逐步摆脱对资源的过度依赖，转向建立以技术创新、环境保护、人才培养等为主导的新竞争优势。这一转型涵盖了绿色能源、绿色交通、绿色建筑等多个领域。传统产业要想突破原有的发展模式，就必须将环保、低碳、高效的理念贯穿于生产、消费、回收等各个环节，通过持续的技术创新和结构调整，实现传统产业转型升级，培育出服务于未来的新兴产业，为现代化产业体系的建设提供有力支撑，从而实现可持续发展与生态文明的和谐共生。

推动国际绿色转型是一项复杂而长期的任务。西方国家在绿色发展方面虽然起步较早，但是不乏有一些国家受到日益激烈的国际竞争以及"逆全球化"现象的影响，在绿色发展方面采取了相对保守的立场，甚至出现了"逆绿色化"的趋势。对于发展中国家来说，我们在绿色发展道路上所面临的挑战只会更为严峻。这些挑战包括但不限于如何将可持续发展的理念与现有的经济结构相融合，如何克服传统产业带来的种种制约，如何解决人才技能的短缺问题，以及如何消除在绿色技术投资方面的财务障碍，等等。

因此，构建一个包容性更强的绿色发展模式，对于促进全球环境治理与可持续发展至关重要。多数发展中国家正处于工业化与现代化的关键阶段，国情复杂多样，包括不同的资源分布、人口密度、经济发展水平以及独特的文化价值观。欧美国家虽然在绿色转型方面积累了丰富的经验，但其历史路径往往伴随着先污染后治理的模式，这与当前全球环境危机的紧迫性不相适应。发展中国家在追求经济增长的同时，应避免重蹈覆辙，要通过技术创新和政策支持，探索出一条兼顾经济增长与环境保护的绿色低碳循环发展之路。可见，新的绿色发展范式不应仅仅局限于欧美等发达国家的经验，而应该更加广泛地借鉴包括中国在内的发展中国家的实践，共同构建全球绿色治理的新格局。

## （二）体系重塑：四位一体的绿色低碳循环经济体系

在大力发展绿色生产力的过程中，中国正积极探索并实践一种全新的发展模式，即绿色低碳循环经济体系，旨在实现经济发展与环境保护的双赢。2021年，国务院印发的《关于加快建立健全绿色低碳循环发展经济体系的指导意见》明确指出："建立健全绿色低碳循环发展经济体系，促进经济社会发展全面绿色转型，是解决中国资源环境生态问题的基础之策。"习近平总书记在二十届中央政治局第十一次集体学习时，再次强调了绿色发展的四大核心要求，其中一项便是"加快绿色科技创新和先进绿色技术推广应用，做强绿色制造业，发展绿色服务业，壮大绿色能源产业，发展绿色低碳产

图 4-1 绿色低碳循环经济体系

业和供应链，构建绿色低碳循环经济体系"。这一要求明确指出了中国在推进绿色发展过程中需要关注的重点领域和方向，其中，绿色制造业、绿色服务业、绿色能源产业、绿色低碳产业和供应链的协同发展，共同构筑了四位一体的绿色低碳循环经济体系。

绿色制造业作为构建绿色低碳循环经济体系的基础产业，承担着对传统制造业转型升级的重任。例如，海尔集团在其青岛基地实施绿色制造战略，引入智能生产线、优化能源管理系统、采用环保材料等措施，显著减少了生产过程中的能耗和废物排放。智能工厂运用大数据分析和人工智能技术，实时监控并优化生产流程，大幅降低能源消耗。据统计，绿色制造战略实施以来，海尔智能工厂的能源消耗降低了35%，温室气体排放量降低了36%。海尔集团的实践充分证明了绿色制造业在提升生产效率和减少环境负面影响方面的巨大潜力。未来，随着绿色制造理念的进一步推广和技术的发展，预计将有更多的企业加入这一转型行列中来，共同推动制造业向着更加绿色、可持续的方向发展。

绿色服务业作为绿色低碳循环经济体系的重要组成部分，致力于为社会提供绿色、低碳、环保的服务。滴滴出行是国内打车行业的龙头企业。在滴滴崛起的过程中，平台大力推广新能源汽车的使用，优化路线算法以减少空驶率，开展各种绿色出行宣传活动等措施，成功地引领了绿色出行的新潮流。据滴滴发布的《2023年可持续发展报告》，截至2023年底，平台注册新能源车超400万辆，其中纯电动汽车350万辆，超57%的网约车服务里程由电动汽车贡献。绿色出行战略不仅为滴滴用户提供了更加环保、高效的出行方式，还展示了绿色服务业在提升社会绿色消费意识方面的积极作用。随着社会环保意识的不断提高，绿色服务业正迎来前所未有的发展机遇，将为推动绿色低碳循环经济发展贡献更大的力量。

绿色能源产业是推动能源结构优化、实现能源供给清洁化的核心力量，包括对太阳能、风能、水能等可再生能源的生产和利用。隆基绿能科技股份有限公司作为太阳能光伏行业的领军企业，通过技术创新和规模化生产，显著降低了太阳能发电的成本，加快了光伏发电产业的推广与普及。自 2022 年隆基绿能中央研究院正式成立以来，隆基绿能已十余次刷新全球太阳能电池转换效率的世界纪录，单结晶硅太阳能电池和晶硅—钙钛矿叠层电池转换效率分别为 27.09% 和 33.9%。除此之外，智能电网和储能技术的快速发展，为可再生能源的并网和消纳提供了有力支撑，成为能源供应的重要组成部分，有效推动了绿色经济的可持续发展，保障了中国的能源安全。

绿色低碳产业和供应链是连接绿色制造业、绿色服务业和绿色能源产业的桥梁。菜鸟网络通过建立绿色包装标准、推广循环快递箱、优化物流路径等方式，已初步构建了绿色低碳的供应链体系。在绿色行动计划的推动下，菜鸟网络已在全国范围内成功推广并使用循环快递箱，有效降低了包装材料的消耗量。这一成果的取得，充分展示了绿色供应链在实现产业链绿色发展中的巨大潜力。绿色包装、循环物流等方式正在推动整个产业链向更加环保、低碳的方向发展，为绿色产业的发展提供坚实支撑。

传统产业的绿色转型、新兴产业的创新应用以及未来产业的绿色引领，共同推动了经济体系向绿色低碳循环模式的深刻转变。传统产业在转型升级的过程中，正逐渐适应并融入绿色低碳循环经济体系中，将过去的线性生产模式转变为绿色低碳经济的循环生产模式。其关注的不仅仅是减少资源消耗、提高资源利用率，更是整个产业的恢复性和再生性发展。清洁能源、绿色交通、智能电网等新兴产业领域，正通过技术创新和模式创新，推动产业向更高层次、更高质量、更高效益发展。在人工智能、大数据等新一代信息技术领域，绿色计算、绿色数据中心等绿色技术的研发和应用，将为实现数字经济与绿色经济的深度融合提供有力支撑。

作为现代工业体系的内在特质，循环经济需要多元化的战略布局以及跨领域的合作来共同实现。中国正通过国家层面的规划，积极调整工业基础，倡导兼具生态效益和经济优势的绿色技术和系统，确保产品从设计到回收的整个生命周期均具有可持续性。

### （三）绿色革命：面向未来的可持续发展之路

随着顶层设计的日渐完备，绿色发展已被确立为新质生产力未来发展的重要方向。"绿水青山就是金山银山"，这是实现美丽中国建设目标的基本原则，也是培育新质生产力的底层逻辑之一。

当前，全球对环境问题的关注日益增多，绿色发展作为一种可持续的发展模式，受到了越来越多国家和地区的认可和推动。根据《2023全球碳中和年度进展报告》，截至2023年9月，全球已有150多个国家作出碳中和承诺，覆盖了全球80%以上的碳排放量、GDP、人口。这一全球性的绿色革命不仅是一场技术与经济的变革，更是一次深刻的文化与价值观念的更新，它要求我们重新审视人与自然的关系，倡导一种更加和谐、可持续的生活方式，最终实现人与自然的和谐共生。

在信息文明时期，绿色生产力更多代表着一种融合科技与生态的未来范式。绿色生产力以科技为核心驱动力，引领了一场从资源密集型到技术密集型的深刻转变。这一转变并非简单的替换，而是对传统生产方式的根本颠覆，以及对科技发展路径的重新定义。在过去，线性科技观占据主导地位，认为科技进步可以无限制地开发自然资源，推动经济增长。然而，面对日益严峻的环境问题，这种

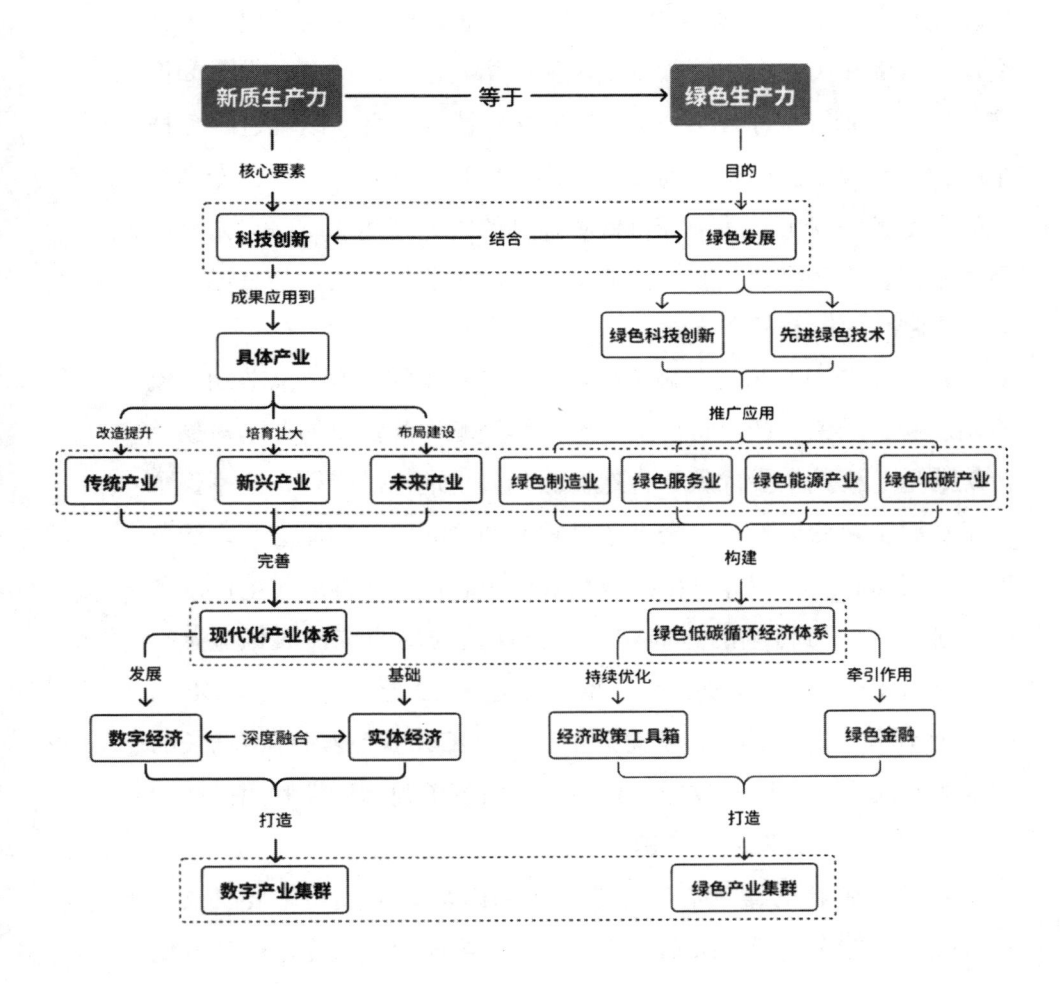

图 4-2 新质生产力与绿色生产力的关系

观点已逐渐过时。取而代之的是绿色科技观，强调生态系统的整体性与多样性，主张科技发展应遵循自然规律，维护生态平衡，推动生产力的可持续发展。据世界知识产权组织中国办事处介绍，绿色创新已成为推动联合国 2030 年可持续发展目标实现的重要引擎，全球范围内相关专利申请数量呈现显著增长趋势。为此，世界知识产权组织特别设立了 WIPO GREEN 绿色技术平台，以促进绿色技术的创新与发展。中国作为该平台的重要合作伙伴，在绿色专利领域的贡献尤为突出，其中绿色低碳专利的占比高达 58.2%，充分彰显了中国在推动绿色创新方面的坚定决心与积极作为，为全球绿色转型贡献了中国智慧和方案。

绿色生产力的另一个显著特点是劳动对象的转变。从劳动对象的角度看，绿色生产力将信息等可持续资源作为主要的劳动对象。传统的生产模式主要依赖于自然资源，如土地、矿产等，这不仅加剧了资源枯竭的风险，也带来了严重的环境问题。相比之下，绿色生产力将信息、知识等可持续资源置于核心地位，推动了生产活动向更加环保、可持续的方向转型。国家数据局的统计数据显示，2023 年中国数字经济核心产业增加值超过 12 万亿元，占 GDP 的比重为 10% 左右，其中，信息通信技术（ICT）产业对经济增长的贡献率高达 60%。这一数据充分说明，信息资源的开发利用已经成为推动绿色生产力发展的关键动力。

从劳动资料的角度看，绿色生产力以数智手段为主要工具，对传统生产方式进行了深刻变革。这一变革通过引入先进的信息化技术和物联网设备，同时大量采用自动化设备和机器人替代传统人工，将生产过程中的各个环节予以紧密衔接。据国际机器人联合会（IFR）展望，2024 年全球机器人市场规模将达到 660 亿美元，其中服务机器人、特种机器人以及跨领域的人形机器人市场有望贡献更高增速。2022年中国占全球工业机器人市场规模超过50%，占服务机器人和特种机器人市场份额只有20%—30%，市场规模仍有广阔提升空间。此外，数智手段还在资源优化配置、产业链整合升级等方面发挥了重要作用。通过大数据、云计算等技术，企业能够实时分析市场动态，精准匹配供需，避免了过度生产造成的资源浪费。同时，数字化平台促进了产业链上下游企业的信息共享和协同创新，推动了产业链向高端环节延伸，提高了整个产业体系的绿色化水平。

除此之外，绿色生产力的持续发展，也造就了一批"绿色"劳动者队伍。有数据显示，绿色职业相关岗位数量近年来增长了10倍左右。绿色生产力的发展要求这些劳动者既要掌握专业技能和知识，还需具备环保意识和创新能力。环保意识是绿色生产力发展的核心，生产活动应兼顾经济效益与生态保护，追求可持续发展。创新能力则是绿色生产力发展的动力，它推动着生产方式的改革，引导企业不断探索绿色、环保、高效的生产技术和管理方法。2022年版的《中华人民共和国职业分类大典》共标识134个绿色职业，约占职业总数的8%，涵盖碳排放管理、环境监测、太阳能利用等多个新兴绿色领域，为绿色生产力的壮大提供了坚实的人才保障。

绿色生产力，作为连接科技与生态的桥梁，正引领着全球经济向绿色、智能、泛在的未来迈进。通过科技创新、资源优化、人才培养等多方面的努力，绿色生产力不仅能够有效应对环境挑战，还能促进经济高质量发展，实现人与自然的和谐共生。未来，我们有理由相信，绿色生产力将成为推动全球可持续发展的强大引擎，为构建美丽地球家园贡献力量。

## （四）案例分析：绿色经济循环流通的"宁德时代"

绿色生产力在可持续发展中发挥着至关重要的作用。目前，光伏、风电等新能源发电装机总量已超过火电，且仍在快速发展，未来将成为中国最主要的电能来源。2024 年上半年，全国新增发电装机容量 1.53 亿千瓦，其中，新增并网风电和太阳能发电装机容量 1.28 亿千瓦，约占新增发电装机总容量的 84%，电力生产供应绿色化不断深入。

在新能源装备大力发展的同时，也出现了一些技术上无法避免的难题。通过新能源装备发出的电能接入电网输送时，需使用电力电子设备。不仅发电端如此，高压直流输电、大功率直流负荷（如电动汽车、数据中心等）的快速发展，都需要大量使用电力电子设备，使得电力系统的"源—网—荷"各部分的电力电子化程度逐年提高。

除此以外，在动力电池和储能电池领域，绿色生产力的发展也不容忽视。2023 年全球动力电池产业规模持续扩大，总使用量约为 705.5 吉瓦时，同比增长 38.6%，储能使用量也达到了 196.7 吉瓦时。然而，在全球经济波动、产业链重塑及政策调整的新常态下，行业竞争愈发激烈。面对不确定性风险与挑战，各大企业积极通过技术创新、产能升级，不断优化自身产品与服务，加快形成新质生产力，推动新能源行业从"有没有"向"好不好"的新阶段迈进。

宁德时代新能源科技股份有限公司始终致力于解决绿色能源应用的安全、可靠和可持续发展等核心问题，不断推出产品和解决方案。2023 年，宁德时代动力电池全球市场占有率达 36.8%，连续 7 年稳居全球榜首；储能电池全球市场占有率达 40%，连续 3 年蝉联世界第一。

这些成就离不开清洁能源转型进程的不断向前。2023 年，宁德时代研发费用总投入达 183.6 亿元，研发人员数量超过 20,000 人，实现营收超 4,000 亿。该企业通过持续的创新探索，为行业带来了一系列令人瞩目的创新成果：凝聚态电池的发布，满足了航空级的安全与质量要求；神行超充电池的推出，突破了磷酸铁锂化学性能的边界；骐骥换电的发布，为重卡运输行业提供了更环保、更经济、更高效的解决方案；零辅源光储直流耦合解决方案的推出，摆脱了传统储能解决方案对冷却系统及其辅助电源的依赖；电动船舶行业首个零碳充换电综合补能解决方案及首个新能源船舶全生命周期协同运营云平台，实现了动力电池从陆路生态到水路生态的跨越。

同时，可持续发展理念的积极施行，推动了可持续发展目标的实现。动力电池内含钴、锂、镍、铜等有价金属，退役后的废旧电池若处置不当，不仅造成资源浪费，还可能会引发环境影响和安全风险。宁德时代致力于构建原材料和电池产品的循环生态闭环，通过技术突破引领高质量循环，推动资源的高效利用、人与自然的交互共生。子公司邦普循环是该企业电池产业生态体系中的重要组成部分，助力企业打造上下游优势互补的电池全产业链循环体系。通过建立系统的回收体系、研发先进的回收处理技术，邦普循环能够高效地从废旧电池中提取可再利用的金属、非金属和其他高分子材料等资源，结合其独创的逆向产品定位设计与定向循环技术，将退役动力电池制备材料应用到原生制造领域。依托定向循环技术，邦普循环率先破解全球废旧电池回收领域"废料还原"的行业性难题，其镍、钴、锰回收率达 99.6%，锂回收率达 91.0%。

除此以外，坚持绿色发展理念，将减碳贯穿全产业链，也是实现可持续发展目标的关键。宁德时代明确了自上而下、由内向外的减碳治理思路，发布了全球锂电产业最具挑战的碳中和目标：到 2025 年实现核心运营的碳中和，到 2035 年实现整个价值链的碳中和。2023 年，企业全方位加强自身碳减排力度：实施了 538 项节能措施；零碳电力使用比例大幅提升至 65.4%；单位产品温室气体排放量下降 45.6%；成功点亮 4 座零碳工厂。同时，该企业积极构建循环经济体系，子公司邦普循环全年回收 10 万吨废旧电池并再生 1.3 万吨碳酸锂。此外，该企业自主开发了"时代碳链"数字化平台，为电池全产业链协同降碳提供数字化工具；推进了第二期 CREDIT 价值链可持续透明度审核，与生态伙伴共同推动供应链的可持续发展。

# 第五章 范式重塑：新型生产关系

中国的改革开放史就是一部生产关系不断调整以适应生产力发展的历史。自 1978 年以来，中国从计划经济体制向社会主义市场经济体制转变，市场在资源配置中的作用从"基础性"提升到"决定性"，这一过程伴随着国有企业改革、金融体制改革、财税体制改革等一系列重大举措。尤其是进入新时代以来，中国深入实施创新驱动发展战略，加大科技创新投入。国家统计局公布的《2023 年国民经济和社会发展统计公报》显示，全年研究与试验发展（R&D）经费支出 33,278 亿元，比上年增长 8.1%，占国内生产总值的 2.64%，其中基础研究经费 2,212 亿元，比上年增长 9.3%，占 R&D 经费支出比重为 6.65%。这些历史性的变迁和改革，充分展示了生产力和生产关系之间的辩证关系。在市场改革的推动下，技术创新已成为中国未来发展战略的核心。从改革开放的视角看，中国的发展轨迹揭示了一种深思熟虑的战略布局，在发展新的生产力的同时改革生产关系，旨在通过全面深化改革实现经济高质量增长。

## （一）理论依据：新质生产力与新型生产关系的辩证联系

马克思主义理论认为，社会生产力与生产关系之间的矛盾是推解码"新质生产力"

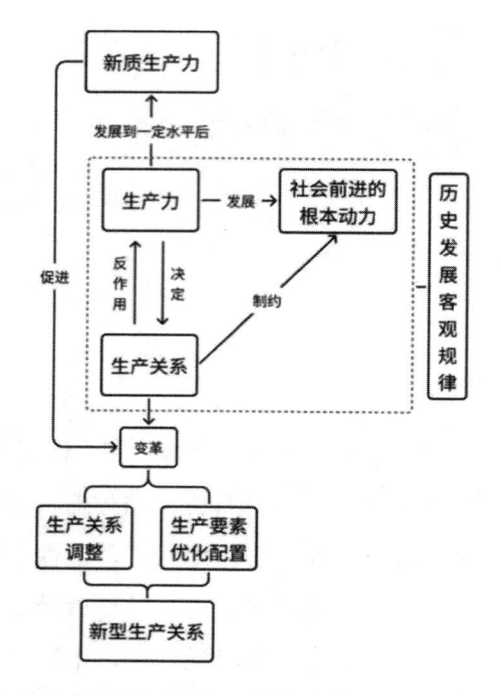

图 5-1 新质生产力与新型生产关系的相互作用

动社会历史前进的根本动力。当社会生产力发展到一定的历史阶段，旧有的生产关系就会变成制约其发展的枷锁。这种矛盾积累到一定程度，就会爆发为社会革命。历史唯物主义明确强调，生产力是决定生产关系的根本因素，而生产关系又反过来影响生产力的发展，这两者相互作用，共同构成了历史发展的客观规律。

在数字智能时代的今天，习近平总书记敏锐地把握到了这一历史规律，创造性地提出了"新质生产力"的概念，以此推动构建与新发展理念相契合的生产关系。随着新技术、新材料、新能源等战略性新兴产业的兴起，传统的生产关系如产权制度、分配机制、市场准入规则等需要进行相应的调整，以更好地支持和引导这些新质生产力的发展。尤其在"两个大局"交汇的关键时刻，这一变革不仅是对传统经济增长模式的深刻超越，更是对生产要素进行优化配置的必然要求，旨在为社会发展各个环节注入强劲的新动力，拓展更为广阔的发展空间。

同时，新型生产关系对新质生产力具有能动的反作用。生产关系的变革在生产力达到一定水平后成为必要，而正确的生产关系可以极大地促进生产力的发展。以土地改革为例，20世纪50年代的土地改革极大地调动了农民的生产积极性，解放了农业生产力；从1978年起，家庭联产承包责任制的推行，在短时间内大幅提升了中国农业生产率；土地所有权、承包权、经营权"三权分置"政策进一步解放了农业生产力。有公开数据显示，中国粮食产量从1978年的3亿多吨增长至2023年的6.95亿吨，这是生产关系调整带来的直接成果。这些实例说明，适时的生产关系改革能够激发生产力的巨大潜力。

在未来的发展征程中，中国将继续深化生产关系的改革，以适应新质生产力的发展，推动经济和社会向着更高层次迈进。

## （二）突破束缚：发展新型生产关系必须依靠全面深化改革

从长远的视角审视，发展新质生产力不仅是一项发展任务，更是一项改革任务。为确保各类先进优质生产要素能够顺畅地流向新质生产力的发展，我们必须进一步深化生产关系的变革，推动构建与新质生产力发展相适应的新型生产关系。习近平总书记在二十届中央政治局第十一次集体学习时强调："生产关系必须与生产力发展要求相适应。发展新质生产力，必须进一步全面深化改革，形成与之相适应的新型生产关系。"全面深化改革的核心聚焦三大领域：一是体制机制保障方面,二是国内外环境创建方面,三是人才培养方面。这三大方面的改革共同推动了经济体制的深化变革、科技体制的创新发展,对于构建高标准市场体系、优化生产要素配置方式起到了促进作用,并进一步扩大了高水平对外开放。这些方面的持续性改革对于形成新型生产关系、推动社会生产力水平迈上新台阶具有重要意义。

**深化经济体制改革是驱动新质生产力持续发展的基础体制条件。**当前经济体制内尚存在一系列对新质生产力发展形成制约的因素,包括僵化的市场准入制度、冗杂的行政审批流程及低效的资源配置等。这些问题不仅制约了新兴产业的迅猛发展,也限制了传统产业的升级转型,进而削弱了经济的整体创新能力和市场竞争力。构建高水平的社会主义市场经济体制,必须消除这些制约新质生产力发展的障碍和瓶颈。经济体制改革应明确以加强市场在资源配置中的决定性作用和优化宏观调控为方向,确保资源能够高效、准确地流向最具价值的领域,充分发挥市场机制有效运行对于激发经济活力和创新动力的积极作用。同时,通过科学的政策引导和支持,宏观调控的优化将为新质生产力的发展营造一个更为稳定、健康的外部环境,促进高水平社会主义市场经济体制的构建。

具体而言,可以通过降低市场准入门槛、简化行政审批流程、加大创新创业政策支持等措施来逐步实现。以浙江省为例,该省推出了一项名为"雏鹰行动"的计划,对高新技术企业和创新型小微企业通过简化注册流程、减少行政审批等手段,为其快速成长扫清障碍。2023年浙江新增国家级专精特新"小巨人"企业384家;高新技术产业增加值增长7%;浙江区域创新能力跃居全国第4位。与此同时,浙江税务部门深化应用"政策找人"机制,精准落实税收优惠政策,对高新技术企业实行15%的企业所得税优惠税率,远低于 25% 的标准税率，有效减轻了企业的税收负担，促进了创新活动。除此以外，上海市实行的"一照一码"和"证照分离"改革，也大幅缩短了企业注册时间，极大地便利了企业尤其是创新型企业的快速启动。

**在深化经济体制改革的基础上，创新科技体制成为推动国家经济和社会发展的重要驱动力。** 在传统的科技体制下，科研成果难以迅速且高效地转化为实际的生产力，并且未能有效激发科研人员和企业的创新动力。因此，科技体制的改革显得尤为重要，特别是在促进科研成果的高效转化和充分激发创新活力方面。过去，中国基础研究经费来源基本依靠政府，企业和社会的投入较低。如何更好地调动企业和社会力量，支持基础研究、原始创新，并让科研人员更心无旁骛地进行探索，变得尤为重要。以"新基石研究员项目"为例，腾讯计划 10 年内投入 100 亿元人民币，支持基础科学研究，与传统任务驱动的项目制研究相比，这种"选人不选项目"的模式，为科研人员创造了更加宽松自由的探索空间。据统计，该项目已支持了数百名杰出科学家，极大地促进了科研成果"从 0 到 1"的原始创新。该项目的实践，是企业作为社会力量支持基础研究，探索更加多元化的基础研究投入的重要尝试。

**高标准市场体系的重要性在于，它能够为所有市场参与者提供一个公平、开放、有序的竞争环境。** 在这样的环境下，资源能够根据市场规律和经济效率自由流动，从而最大化地激发企业和个人的创新活力，推动新技术、新产品、新模式的快速发展。此外，高标准市场体系还能够吸引更多的国内外投资，为新质生产力的发展提供充足的资金支持。上海自由贸易试验区（简称"上海自贸区"）的设立，是中国建设高标准市场体系的一个重要里程碑。自 2013 年成立以来，上海自贸区实施了一系列市场准入负面清单、外资管理制度改革、金融创新等政策，打造了一个高度开放的投资和贸易环境。在上海自贸区建设的带动下，截至2023年底，浦东新区累计认定外资研发中心265家，全市占比47%。上海自贸区，成为吸引国内外投资的热土，为新质生产力的发展注入了强大的资金动力。

**全面深化改革也极大地促进了生产要素配置方式的创新。**例如，位于深圳的光明科学城，通过创新土地使用制度优化土地资源的配置，为高新技术企业和创新型产业园区提供灵活的土地供应模式。政府通过"租让结合""先租后让"等土地供应模式，给予企业优惠条件，有效降低了企业的用地成本。

在创新资本配置方式的问题上，上海证券交易所设立的科创板放宽了上市条件，允许未盈利企业上市，引入注册制，简化上市流程，为创新型企业提供更加便捷的直接融资渠道。此外，政府引导基金也是支持创新型企业的重要途径。以北京市为例，2018年，北京市政府设立总规模达300亿人民币的科技创新基金，重点支持前沿技术和硬科技项目。

在全球化发展的今天，扩大高水平对外开放已成为必不可少的战略要求。一方面，对接国际高标准经贸规则是扩大开放的重要一步。通过参与《区域全面经济伙伴关系协定》(RCEP)、《全面与进步跨太平洋伙伴关系协定》(CPTPP)等多边贸易协定，有效地整合全球资源，提升国内产业的国际竞争力。另一方面，促进国际产能合作也是扩大对外开放的重要途径。例如中马"两国双园"项目，这是中国与马来西亚在"一带一路"倡议框架下合作的旗舰项目之一。该项目包括中国—马来西亚钦州产业园区和马来西亚—中国关丹产业园区，旨在通过产业互补和双向投资，促进两国在制造业、农业、旅游、教育等领域的合作。通过建立产能合作机制，支持国内企业"走出去"，参与国际产业链的重构和优化，不仅可以帮助企业拓展国际市场，还能促进国内产业的技术升级和知识更新。

　　通过上述五个方面的全面深化改革，中国将构建起与新质生产力相适应的新型生产关系，激发全社会的创新活力，推动经济高质量发展，最终实现社会全面进步和全体人民共同富裕的目标。这不仅是对当前经济体制的优化，更是对未来发展模式的探索和革新，标志着中国经济在新时代的自我革新和进步。

## （三）关键导向：相匹配的生产资料所有制形式

　　生产资料所有制，作为生产关系的核心构成部分，对于生产力的发展水平和方向具有直接而深远的影响。在中国，以公有制为主体、多种所有制经济共同发展的基本经济制度，为经济的多元化和可持续增长奠定了基石。这一制度的灵活性和包容性，使得国家所有制、集体所有制、股份制所有制等多种形式并存，共同推动了中国经济的发展。尤其是新质生产力的出现，要求所有制结构具备更高的灵活性与开放性，能够迅速适应市场变化和技术革新，促进资源的有效配置和利用。

　　在现代国家经济体系中，国有经济因其独特的性质和功能，常常被视作国家发展的稳定器与创新者。在关键行业，如能源、通信、交通等领域，国有经济扮演着主导角色。在能源领域，中国国家电网有限公司作为全球最大的公用事业企业之一，不仅保障了全国范围内的电力供应，还在自然灾害和紧急情况下展现出强大的应急保障能力。此外，国家电网的智能电网项目，实现了电力供需的精准匹配，减少了能源浪费，提高了电网的运行效率。在通信行业，中国电信和中国移动等国有企业构建了覆盖全国的通信网络，保证了信息的畅通无阻，这对于现代社会的正常运转不可或缺。特别是在偏远和边疆地区，国有通信企业承担了普及通信服务的社会责任，缩小了数字鸿沟。在交通运输领域，中国国家铁路集团有限公司负责国家铁路网的建设和运营，连接城市乡村，支撑物流运输，推动区域经济一体化，其高效性和安全性对国家经济的平稳运行起着关键作用。

然而，面对全球化竞争和市场需求的变化，国有企业正通过混合所有制改革，增强自身活力与市场竞争力。这一改革旨在引入民间资本和非公有资本，通过股权多元化来改善治理结构，提高运营效率，同时激发企业的创新动力。例如，中国联通通过引入腾讯、阿里巴巴等互联网巨头作为战略投资者，实现了业务模式的创新和企业价值的提升。混合所有制改革不仅有助于国有企业实现资本结构的优化，还能促进资源的合理配置，提升企业在全球市场中的竞争力。随着改革的深入，国有经济将在确保国家经济安全的同时，更加灵活地响应市场变化，推动国家经济向着更高质量的方向发展。

集体经济在农村地区的深厚基础，源于其特有的组织形式和运作机制，通过集约化经营，实现了农业生产的规模化和专业化。以山东省寿光市为例，该地区的蔬菜种植合作社，借助先进的种植技术和科学管理，大幅度提高了蔬菜的品质和产量，成功打造了"寿光蔬菜"这一知名品牌，不仅满足了国内市场的需求，还远销海外，带动了当地经济的快速发展。而面对农业现代化和乡村振兴的新需求，集体经济正积极探索与互联网、大数据、物联网等现代信息技术的深度融合，推动智慧农业的发展。例如，通过物联网设备实时监测农作物生长状况，运用大数据分析预测市场趋势，采用电商平台拓宽销售渠道，集体经济正逐步实现从传统农业向现代农业的转变。这种创新不仅提升了农业生产效率，还为农村经济的多元化发展开辟了新路径。

集体经济作为乡村振兴的坚实后盾，其创新与升级对于实现农业农村现代化、促进农民增收致富具有重大意义。为了进一步发挥集体经济的作用，未来发展方向应聚焦以下四个方面。一是科技赋能。加大农业科技投入，推广智能农业解决方案，提高农业生产的智能化和自动化水平。二是品牌建设。强化农产品品牌意识，提升产品附加值，拓展国内外市场，增强农村经济的国际竞争力。三是人才培养。重视农村人才队伍建设，培养懂技术、善经营的新型职业农民，为乡村振兴提供智力支持。四是机制创新。完善集体经济的治理结构，建立健全利益联结机制，确保农民的权益得到充分保障，激发农村经济的内生动力。

私有经济和股份制经济共同构成了经济活力的双引擎。其中，私有经济以其高度的灵活性和市场导向性，成为激发市场活力的关键因素。阿里巴巴、腾讯等科技巨头，凭借创新技术和商业模式，不仅创造了诸如电子商务、移动支付、社交媒体等数字经济的新业态，还带动了上下游产业链的协同发展，为中国经济的转型升级作出了贡献。股份制经济作为一种现代企业组织形式，通过资本市场的力量，实现了资源的有效配置和规模经济的效益，在为企业提供多元化的融资渠道之外，还促进了技术的交流与扩散。在中国，越来越多的创新型企业通过上市融资获得了宝贵的资金支持，加速了技术研发和市场扩张的步伐。股份制经济的蓬勃发展，在为投资者创造经济效益的同时，也为社会提供了更多优质的产品和服务。

然而，融资难、市场准入限制、不公平竞争等问题仍旧存在，严重制约了这些经济主体的成长空间。要持续释放这类经济主体的潜力，需解决融资渠道、市场准入等结构性问题，营造更加公平的竞争环境。一是优化融资环境，建立健全多层次资本市场，拓宽直接融资渠道，降低中小企业和创新型企业的融资成本，提高融资效率。

二是公平市场准入，打破行业壁垒，减少行政干预，确保各类经济主体享有平等的市场准入机会，促进公平竞争。三是加强法治建设，完善相关法律法规，保护产权，打击不正当竞争行为，营造透明、公正、可预期的市场环境。四是鼓励创新与合作，加大对科研创新的投入，促进产学研用的紧密结合，鼓励企业间的技术合作与交流，推动产业链上下游的协同创新。

面向未来，中国必须深化所有制结构的改革，构建一个既能维护社会稳定，又能激发市场活力的经济体系；既要继续优化国有经济的治理结构，推动集体经济的现代化转型，又要进一步放宽对私有经济和股份制经济的政策限制，打造一个公平、开放、创新的市场环境。通过这些努力，中国将更好地适应新质生产力的需求，推动经济高质量发展，实现社会的全面和谐进步。

## （四）案例分析：金融支持新质生产力的"国寿范例"

在新型生产关系下，金融支持实体经济的新趋势不断涌现。在实际应用中，金融机构正积极运用多样化的创新金融产品和服务，精准对接新兴行业、高新技术企业及创新项目的融资需求，旨在加速经济结构的优化升级，推动经济实现高质量发展。具体而言，这一过程涵盖了三个关键方面：一是加强商业秘密保护，确保企业核心竞争力的稳固；二是深化知识产权保护，激发市场创新活力；三是完善实验室保险保障，为科研活动提供坚实的风险屏障。

商业秘密是拥有自主创新技术企业的核心竞争力，是保护科技自主研发成果的重要形式。商业秘密一旦被泄露，企业维权过程中将会面临鉴定难、成案难、费用高和时间长等问题。在金融服务实体经济的宗旨下，金融支持可以推进科技保险与知识产权保险创新发展，深度对接企业，结合企业商业秘密保护需求量身定制保险方案，对密点鉴定等维权费用提供经济保障，助力破解商业秘密密点鉴定费用高、效力不稳定等难题，确保密点鉴定中立性、稳定性。2023年7月4日，在广州开发区知识产权局的指导和支持下，中国人寿财产保险股份有限公司广州分公司落地广东省首单商业秘密保险，为广东省大湾区集成电路与系统应用研究院提供30万元的风险保障。

本次保险的落地，是国寿财险广州分公司在商业秘密保险领域搭建"保险保障+维权援助+保密提升服务"服务模式的有益探索，是支持企业可持续发展、解决企业维权后顾之忧的创新实践。由此看来，发挥保险职能优势能够进一步做好商业秘密保护创新试点，探索商业秘密保护助力企业发展的新途径，为企业创新发展与地方经济高质量发展注入更多保险力量。

面对研发的产品和技术被盗用的风险，企业在产品研发过程中需要注重知识产权的保护，通过积极申请相关专利和商标注册，以确保其产品的独创性和市场竞争力。西藏尚厨炊具科技有限公司与中国人寿财产保险股份有限公司西藏自治区分公司签订了专利组合保险投保协议，为企业维权提供了坚实的保障。专利保险作为科技保险领域的重要组成部分，它将专利特性和保险制度优势相结合，利用保险的补偿性质，有效保护企业专利不受侵害，激发企业创新活力。

实验室活动具有创新性和不确定性，因此更需要完善其保险保障。不久前国内在实验室安全方面尚无针对性的风险保障，传统意外险对于实验室学生误操作等造成的风险以及生物、化学、核能等造成的伤害均为除外责任。国寿财险天津分公司多次调研走访天津各大高校实验室，深入了解相关风险和诉求，在充分借鉴国外管理经验、总公司"安心防"预警平台、CIRS 安全生产应用系统的基础上,研发了"实验室一切险",覆盖从进入实验室前到事故发生后的全链条风险保障,形成"事前风险预防、事中风险控制、事后理赔服务"的风险管理闭环。2024 年 4 月,"实验室一切险"正式落地,为 13 间创新实验室提供全面风险保障。

在新型生产关系的持续推动下,金融支持实体经济的步伐愈发坚定而深入。除了强化商业秘密与知识产权的保护外,金融机构还积极拓展服务边界,将目光投向了绿色经济、可持续发展等前沿领域,通过绿色金融产品的创新,为企业的绿色转型和可持续发展项目提供强有力的资金支持。一方面,绿色金融成为金融机构支持实体经济的新亮点。面对全球气候变化的挑战,金融机构积极响应国家绿色低碳循环经济发展战略,推出了一系列绿色信贷、绿色债券、绿色基金等金融产品,引导资金流向环保、节能、清洁能源等绿色产业。另一方面,金融机构还积极探索科技赋能金融的新路径,利用大数据、云计算、人工智能等先进技术,提升金融服务效率与风险管理水平。借助区块链技术的去中心化、不可篡改特性,为商业秘密、知识产权等无形资产提供更为安全、透明的保护机制,增强企业的创新信心和市场竞争力。

# 第六章 创新主体：新型劳动者

劳动者既是生产力中的主体性要素，又是体现在劳动资料、劳动对象之中的渗透性要素，对于发展新质生产力具有举足轻重的作用。形成和发展新质生产力，需要打造一支知识型、技能型、创新型的劳动者队伍，促进劳动者全面发展，从而为新产业、新模式、新动能的发展提供有力支撑。

## （一）角色定位：新型劳动者相互关系的构建

《中共中央关于进一步全面深化改革、推进中国式现代化的决定》明确提出"健全因地制宜发展新质生产力体制机制"。发展新质生产力是推动高质量发展的内在要求和重要着力点。发展新质生产力，要通过深化改革，加快形成同新质生产力更相适应的生产关系。而在构建生产力与生产关系更为适配的模式过程中，新型劳动者是串联二者的关键一环。中国经济的迅猛增长，得益于新型劳动者的不懈努力，他们是推动生产力发展的核心动力，更是引领社会变革的先锋力量。在新时代背景下，新型劳动者的角色定位与相互关系的构建，对于实现经济高质量发展至关重要，尤其是在劳动力结构转型与劳动方式革新的浪潮中，需与时俱进，以适应时代需求。

随着信息技术的飞速发展，传统劳动者的角色正在发生深刻转变，新型劳动者群体应运而生。中国互联网相关就业群体涵盖了网络主播、在线教育工作者、电子商务从业者等多元化的新型职业群体。根据《中国网络视听发展研究报告（2024）》，截至2023年12月，全网职业主播数量已达1,508万人。庞大的从业者数量、可观的市场规模，推动网络视听成为数字经济新质生产力的重要力量。这些劳动者凭借灵活的工作模式与时间安排，不仅实现了个人价值的提升，也为社会创造了巨大价值。新型劳动者的涌现，不仅丰富了劳动力市场的多样性，更对社会关系与经济结构产生了深远影响。以共享经济为例，据中国国家信息中心发布的数据，2022年，中国共享经济市场交易总额约3.83万亿元，较上一年增长约3.9%。在这一新兴经济形态中，新型劳动者通过提供个性化服务，利用闲暇时间参与生产活动，不仅为传统经济模式注入了新的活力，也促进了资源的高效配置与利用。

在新型劳动关系的构建中，平台经济发挥了至关重要的作用。平台不仅为新型劳动者提供了展示才华、销售技能的舞台，更成为连接劳动者与消费者、构建合作网络的桥梁。以美团、滴滴为代表的平台企业，通过大数据与先进算法，实现了供需双方的精准匹配，极大地提升了市场效率与用户体验。美团发布的《2023年度美团骑手权益保障社会责任报告》显示，2023年度，745万名骑手通过美团平台获得了收入。这不仅体现了平台经济对就业的拉动效应，也彰显了其在构建新型劳动关系中的重要作用。

然而，新型劳动者的角色定位与平台间的关系构建，远非一帆风顺的过程。首要挑战在于：一方面，劳动者与平台之间权力不对等。尽管平台为劳动者提供了就业机会与工作便利，但在实践中，劳动者往往处于弱势地位，缺乏参与平台规则制定的权力和议价能力。

以外卖骑手群体为例，他们每日辛勤工作，进行长时间、高强度的劳动，但是其合法权益往往因平台订单分配机制的不透明性以及严苛的绩效考核体系受到损害。中国劳动关系学院曾发布《就业优先大局下对新业态"流动性"与"确定性"的分析——以外卖骑手为例》的报告显示，高达60%的外卖骑手对自身的工作环境表达了不满情绪，主要根源在于收入的不稳定性和社会保障的缺失。这反映了平台经济模式下，劳动者面临的工作不安全感与社会福利保障不足的现状，凸显了在新型劳动关系构建中，保障劳动者权益、改善工作条件的紧迫性与必要性。另一方面，新型劳动者之间的相互关系也面临挑战。由于竞争激烈，许多新型劳动者在工作过程中更多关注个人利益，缺乏协同合作的意识。在网络直播领域，主播之间的竞争异常激烈，为了吸引更多流量和粉丝，往往出现恶性竞争和炒作现象。截至2023年12月，中国网络直播用户规模达8.16亿人，较2022年12月增长6,501万人，占网民整体的74.7%。但行业内的恶性竞争和不正当竞争行为也愈发严重，直接影响了行业的健康发展。

  为应对新型劳动者面临的挑战，政府与社会各界正积极探寻解决方案，致力于构建健康、和谐的新型劳动关系，以促进经济高质量发展。首要举措是强化对平台经济的监管，确保新型劳动者的权益得到有效保障。2021年，中国国家市场监督管理总局颁布了《关于平台经济领域的反垄断指南》，明确规定了平台企业的责任与义务，要求其保障劳动者的基本权益，提供必要的社会保障。以滴滴公司为例，响应监管政策号召，滴滴于2022年推出"橙意保障计划"，为司机群体提供包括医疗、意外伤害在内的多项保险服务，切实维护了司机的合法权益。

  其次，鼓励新型劳动者构建合作网络，实现互利共赢。在共享经济与平台经济中，新型劳动者间的协同合作能显著提升工作效率与服务质量。淘宝村模式的兴起便是新型劳动者合作共赢的典范。据阿里巴巴集团发布的数据，截至2022年底，全国已涌现出超过7,780个淘宝村，带动了数百万农民实现增收致富。这些淘宝村通过合作互助，实现了资源与信息的共享，构建了良性的经济生态循环。

**此外，加大对新型劳动者的职业培训与技能提升力度，帮助他们适应市场变化与技术革新。** 根据中国人力资源和社会保障部的统计，2023年度，随着"技能中国行动"的深入推进，各地聚焦重点行业，广泛开展职业技能培训，全年共实施补贴性职业培训超过1,800万人次，覆盖网络营销、直播运营、数据分析等新兴领域。这些培训不仅提升了新型劳动者的专业素质，还增强了其市场竞争力与创新能力。

**最后，关注新型劳动者的心理健康与职业发展，提供必要支持与援助。** 随着工作压力的增大及工作方式的变革，新型劳动者面临的心理健康问题日益凸显。根据国家卫健委对23个行业领域的劳动者在2023年对16种健康问题所做的调查，自述有抑郁、紧张、焦虑这些不良情绪的占监测劳动者总人数的15%，排在全部健康问题的第三位。为此，政府与社会组织应加强对新型劳动者的心理辅导与关怀，提供专业的心理咨询与职业规划服务，帮助他们维持良好的心理状态，规划清晰的职业发展路径。

在未来，构建新型劳动者的角色定位与相互关系，是落实中国新质生产力政策的关键。利用加强平台监管、促进合作共生、提升职业技能、关注心理健康等多维度措施，可以有效推动新型劳动者的全面发展，为中国社会经济的高质量发展注入持久动力。在新时代背景下，新型劳动者将在社会经济变革中扮演更加重要的角色，共同绘制中国经济高质量发展的壮丽画卷。

## （二）基本要求：畅通教育、科技、人才良性循环

中国共产党二十大报告指出："教育、科技、人才是中国式现代化的基础性、战略性支撑。"必须深入实施科教兴国战略、人才强国战略、创新驱动发展战略，统筹推进教育、科技、人才体制机制一体改革，健全新型举国体制，提升国家创新体系整体效能；要深化教育综合改革，深化科技体制改革，深化人才发展体制机制改革。在新时代背景下，推动中国经济高质量发展，构建教育、科技与人才之间的良性循环是关键所在。这一循环不仅是新型劳动者成长的根基，更是实现创新驱动与新质生产力发展的核心动力。唯有畅通这一循环，方能培养出高素质的新型劳动者，引领经济与社会持续向前迈进。

教育，作为新型劳动者发展的基石，承载着培养未来人才的重任。面对现代社会对劳动者知识与技能提出的更高要求，中国政府持续深化教育改革，致力于提升教育质量和普及程度。据教育部统计，2023年，中国高等教育毛入学率达到60.2%，提前实现"十四五"规划目标，这标志着高等教育普及化迈入新阶段。在职业教育领域，国家积极推动产教融合与校企合作，构建了多层次、多形式的职业

图6-1 教育、科技、人才之间的关系

教育体系。《中国职业教育发展报告（2012—2022年）》指出，2012—2022年这十年间，职业教育累计为各行各业输送了6,100万高素质劳动者与技术技能人才，占现代制造业、战略性新兴产业和现代服务业一线新增从业人员的70%以上。这一成绩不仅促进了人口红利的释放与实现，还推动了先进技术和设备转化为现实生产力，为中国作为全球第二大经济体和制造业第一大国提供了坚实的人才保障与动力源泉。

在新型劳动者的教育中，信息技术的应用日益凸显其重要性。在线教育平台的蓬勃发展，为新型劳动者开辟了全新的学习途径，提供了丰富的学习资源。这些在线教育平台借助大数据与人工智能技术，为学生量身定制个性化学习方案，显著提升了学习效率与效果。同时，国家积极响应"互联网＋教育"战略，大力开发优质在线课程与教学资源，实现了教育资源的广泛共享与公平分配，为新型劳动者提供了平等的学习机会，进一步激发了社会创新活力与人才潜能。

教育、科技与人才之间的良性循环是推动中国经济高质量发展的核心驱动力。通过深化教育改革，提升教育质量与普及率，构建多层次的职业教育体系，以及充分利用信息技术推进在线教育，中国正不断培育出适应新时代需求的高素质新型劳动者。这一系列举措不仅为社会经济发展提供了人才保障，还促进了科技进步与创新，为实现中华民族伟大复兴的中国梦奠定了坚实的基础。在新时代新征程上，中国将以教育为基、科技为翼、人才为本，持续推进经济社会高质量发展，迈向更加辉煌的未来。

科技是新型劳动者发展的动力。科技，作为新型劳动者发展的强大引擎，不仅颠覆了传统生产模式，更为新型劳动者开辟了广阔的职业前景。以人工智能为例，其广泛应用不仅拓宽了新型劳动者的职业边界，更推动了各行各业的智能化升级与创新变革。据统计，中国在人工智能领域的论文发表数量稳居世界第一，核心产业规模已达5,000亿元，企业数量超过4,400家。新型劳动者通过掌握前沿技术，成为推动产业智能化、加速经济转型升级的关键力量。在科技创新的征途上，高校与科研机构担当了不可或缺的角色。国家通过持续增加科研投入，支持高校与科研机构的创新活动，孕育了众多高水平科研团队与创新人才。根据中国创新调查制度监测评价，2022年，中国全社会研发经费投入达到3.09万亿元，较2012年增长三倍，稳居全球第二大研发投入国。研发经费投入强度从2012年的1.91%攀升至2022年的2.55%，超过欧盟平均水平。基础研究经费稳步增长，2022年达1,951亿元，是2012年的3.9倍，占研发经费比重连续多年稳定在6%以上。这些科研成果不仅为经济发展提供了坚实的技术支撑，更为新型劳动者的成长与培养提供了丰富资源，加速了创新成果向现实生产力的转化。

人才是新型劳动者发展的核心。人才作为新型劳动者发展的核心要素，既是企业创新的源头活水，亦是国家竞争力的重要体现。为培育与吸引高素质人才，国家实施了一系列人才战略与政策。通过构建国家重点实验室、技术创新中心等创新平台，中国不仅集聚了顶尖科研资源，还培养了大批科技创新人才。高校研究与试验发展拨入经费从2012年的768.7亿元增至2021年的1,592亿元，累计投入超万亿元。高校科技活动中，研究与试验发展人员全时当量从2012年的20.9万人年增长至2021年的33.4万人年。创新资源的汇聚与投入，为高校创新能力的提升与关键技术的突破奠定了坚实基础，也为新型劳动者的成长提供了肥沃土壤。

构建教育、科技与人才之间的良性循环，是推动经济社会高质量发展的关键所在。这一宏伟目标的实现，需要政府、企业与社会的协同努力。政府在其中扮演着引导者与支持者的角色，通过制定科学的政策与法规，建立健全制度与机制，有效促进了教育、科技与人才的协同发展。《国家中长期科学和技术发展规划纲要（2006—2020年）》与《"十三五"国家科技创新规划》等政策文件的出台，明确了科技创新与人才培养的战略目标与任务，为科技与人才的协调发展绘制了蓝图。

企业在教育、科技与人才良性循环中同样扮演着举足轻重的角色。作为市场经济的主体，企业不仅是科技创新的主力军，也是人才培养的摇篮。众多企业通过与高校及科研机构的深度合作，共同开展科研项目与人才培养，构建了产学研用一体化的创新体系。以华为公司为例，通过与国内外顶尖高校的紧密合作，华为建立了多个联合实验室与研究中心，吸引并汇聚了一批批高水平科研人才，共同致力于前沿技术的研究与应用，推动了科技成果的转化与产业化。

企业内部的培训与职业发展机制，也是提升员工素质与能力的重要途径。中国企业联合会的调查显示，2023年，全国百强企业中，超过90%的企业建立了完善的员工培训体系，每年的培训投入占企业营业收入的比例平均达到1.5%。这些企业通过提供系统化的职业培训与发展机会，帮助员工持续提升专业技能，适应市场需求变化，实现了企业和个人的共同成长与进步。社会各界的支持同样是畅通教育、科技与人才良性循环的重要保障。社会组织、非政府机构与公益基金会通过实施各类公益项目与活动，为教育与科技的发展注入了活力，促进了人才的培养与成长。中国红十字基金会的"博爱助学金"项目便是一个生动例证，该项目通过为贫困地区学生提供教育资助，帮助他们顺利完成学业，实现人生梦想。截至2023年10月底，博爱助学金已累计资助全国各省（区、市）大中小学生3,152

人次，有效缓解了贫困地区教育资源短缺的问题，为教育公平与人才成长铺平了道路。

畅通教育、科技与人才之间的良性循环，是实现新型劳动者全面发展的基石。在政府、企业与社会的共同努力下，教育质量得以提升，科技创新得以加速，人才培养得以优化，为中国经济的高质量发展提供了坚实的人才与智力支撑。在新时代背景下，教育、科技与人才之间的良性循环将继续发挥核心作用，为中国实现创新驱动发展战略与新质生产力目标提供不竭动力。面对未来，中国将坚定不移地推进教育、科技与人才的深度融合，构建更加开放、包容、创新的社会生态，为建设创新型国家与实现中华民族伟大复兴的中国梦贡献力量。

## （三）激发活力：健全要素参与收入分配机制

在新时代背景下，健全要素参与收入分配机制是激发经济活力、实现公平分配与推动高质量发展的核心要务。这一机制的完善，不仅能够激发劳动者的积极性与创造力，还能促进社会和谐稳定与经济的可持续发展。为了实现这一目标，中国政府与社会各界正积极探索并实施一系列政策与措施，旨在通过健全要素参与收入分配机制，充分激发新型劳动者的活力与潜能。

健全要素参与收入分配机制要求劳动、资本、土地、技术与数据等多种要素的共同参与。在传统收入分配体系中，劳动收入占据主导地位，但随着经济的快速发展与科技进步，资本、技术和数据等要素在收入分配中的比重日益增加。以互联网与高科技企业为例，这些行业的发展使技术和数据成为重要的生产要素，显著提升了相关从业人员的收入水平。根据《2023泛互联网行业人才流动报告》

发布的数据，2023年中国互联网行业从业人员的平均月薪为39,905元，远超其他传统行业，彰显了技术与数据要素在现代经济中的重要地位。

在这一背景下，健全要素参与收入分配机制的关键在于合理配置与公平分配各种生产要素的收益。首先，作为最基本的生产要素，劳动要素的收益分配应得到充分保障。为了提升劳动者的收入水平与生活质量，国家持续提高最低工资标准，推动企业建立健全工资增长机制。据人社部发布的数据，截至2024年7月1日，31个省份最低工资标准情况：上海的月最低工资标准最高，达到2,690元，位居全国首位；江苏、浙江的第一档月最低工资标准为2,490元，并列第二；北京则为2,420元，排名第三。值得注意的是，随着江西、宁夏分别将最低工资标准上调150元、100元，两地最低工资第一档标准分别达到2,000元、2,050元。这一举措有效提升了低收入劳动者的收入水平，共计有22个省份的最低工资标准第一档在2,000元及以上，标志着国家在保障劳动者权益、促进收入公平分配方面取得了显著成效。

在新时代背景下，健全要素参与收入分配机制不仅是推动经济高质量发展的关键，也是保障社会公平正义的基石。这一机制的完善不仅能够激发各类生产要素的活力，还能促进经济增长与社会和谐。为了实现这一目标，政府、企业与社会各界正携手并进，通过一系列政策与措施，共同构建更加公平、合理的收入分配格局。

**资本要素的收益分配需得到合理保障，以激发资本市场的活力，促进企业持续发展。** 国家通过出台一系列政策，鼓励资本投资科技创新与实体经济，如实施科创板与创业板改革，降低上市门槛，吸引更多创新型企业进入资本市场，引导社会资本向高科技产业聚集。据统计，2023年全年，国内A股IPO市场已完成上市企业313家，募集资金总额达3,565.39亿元，彰显了资本要素在推动经济发展中的重要作用。

技术要素作为推动经济发展的核心动力，其收益分配同样至关重要。为了激励技术创新与成果转化，国家制定了《中华人民共和国促进科技成果转化法》，明确了科技成果转化收益的分配原则，鼓励科研人员通过技术入股、成果转让等方式获取合理经济回报。根据科技部国家科技管理信息系统数据，截至2021年底，全国新型研发机构共计2,412家，研发经费投入650.02亿元，在职人员22.18万人；截至2022年底，全国科技创业孵化载体总数超过1.5万家。国家知识产权和科技成果产权交易机构、国家技术转移区域中心、国家科技成果转移转化示范区等平台的建设，有效促进了技术要素的自由流动与高效配置，推动了科技成果转化与产业化。

数据要素作为新兴生产要素，其参与收入分配的机制也在不断探索与完善之中。随着大数据与人工智能技术的飞速发展，数据已成为重要的生产资源与竞争优势。国家通过出台《数据安全法》与《个人信息保护法》等法规，明确了数据使用与保护的法律框架，保障了数据主体的权益，促进了数据要素的合理分配与利用，为数字经济的健康发展提供了法制保障。

企业作为市场主体，在健全要素参与收入分配机制中发挥着关键作用。众多企业通过内部改革与制度创新，积极探索多元化的收入分配机制，激发员工积极性与创造力。以阿里巴巴集团为例，通过实施员工持股计划与股权激励机制，将企业发展成果与员工收入紧密挂钩，有效提升了员工工作积极性与企业整体竞争力，体现了企业与员工共享发展成果的理念。

政府在健全要素参与收入分配机制中承担着引导与调控的重任。通过制定科学政策与法规，政府能够有效规范收入分配机制，促进其不断完善。例如，国家税务总局实施的个人所得税改革，优化税制结构，提高低收入群体的税收优惠，减轻中低收入群体的税收负担，促进了收入分配的公平与合理。据统计，2023 年，全国新增减税降费及退税缓费超 2.2 万亿元，为稳住宏观经济大盘发挥了关键作用。

社会各界也积极投身健全要素参与收入分配机制的建设。社会组织、非政府机构与学术界通过开展研究、宣传与倡导，推动收入分配机制的改革与创新。国家发展和改革委员会就业收入分配和消费司联合相关部门发布的《中国居民收入分配年度报告（2022）》深入分析了收入分配现状与问题，为政策制定与实施提供了科学依据与建议。同时，社会各界通过开展公益活动与项目，关注与支持低收入群体与弱势群体的权益，促进了社会公平与和谐。

总之，健全要素参与收入分配机制，是激发新型劳动者活力和推动经济高质量发展的重要举措。通过合理配置和公平分配劳动、资本、技术和数据等要素的收益，可以有效提升劳动者的积极性和创造力，促进社会的和谐稳定和经济的可持续发展。在新时代背景下，政府、企业和社会各界应共同努力，积极探索和实施多元化的收入分配机制，推动中国经济的高质量发展和社会的全面进步。

## （四）案例分析：新型劳动者驱动创新发展中的"美团作用"

随着技术进步和社会变革，新型劳动者不仅需要具备传统的职业技能，还需要拥有更强的创新能力和适应新技术的能力。美团作为中国最大的生活服务平台之一，其成功离不开新型劳动者的积极参与和贡献。美团平台上的新型劳动者种类繁多，主要包括外卖骑手、配送员、在线商家和技术开发人员等。这些新型劳动者通过不同的方式参与平台的运营和服务，形成了一个庞大的劳动生态系统。他们不仅为消费者提供了便捷的生活服务，还推动了平台的快速发展。

外卖骑手利用平台提供的订单系统和导航技术，快速高效地完成配送任务，为消费者提供及时的餐饮服务。美团的数据显示，2023年美团即时配送订单数达219亿笔，同比增长24%。外卖骑手的高效配送服务不仅提高了消费者的满意度，也推动了餐饮业的数字化和智能化转型。在外卖骑手的配送过程中，美团利用大数据和人工智能技术优化骑手的配送路线和时间，提升了整体配送效率。以智能调度系统为例，该系统通过分析实时订单数据、骑手位置和交通状况，为每一单外卖配送任务提供最佳的配送路径和时间安排。这一技术的应用，不仅降低了骑手的劳动强度，还提高了配送的准确性和及时性。据统计，智能调度系统的应用使得平均配送时间缩短了15%，配送准时率提高了10%。

通过提供技术支持和营销工具，美团帮助商家提升了经营效率和市场竞争力。例如，美团推出的智能营销系统可以根据用户的消费行为和偏好，精准推送个性化的促销信息，帮助商家有效吸引和留住顾客。此外，美团的技术团队在大数据、人工智能、云计算等领域不断探索和突破，为平台的高效运行和创新发展提供了坚实的技术基础。例如，美团的AI研究院在图像识别、语音识别和自然语言处理等方面取得了一系列重要成果，并成功应用于实际业务场景中，提升了平台的智能化水平和用户体验。

新型劳动者在美团平台上的关键作用不仅体现在技术和服务方面，还体现在社会效益和经济效益的双重提升上。美团平台的快速发展为社会创造了大量的就业机会，有效缓解了就业压力。美团平台在全国范围内直接和间接带动的就业岗位超过2,000万个，涵盖外卖、物流、餐饮、零售等多个行业。这些就业岗位不仅为劳动者提供了收入来源，还促进了地方经济的发展。此外，美团平台还积极推动社会责任的履行，关注新型劳动者的权益和福祉。美团通过设立"骑手关爱基金"，为骑手提供医疗、意外伤害等多项保险服务，切实保障了骑手的权益。美团还通过举办技能培训和职业发展讲座，提升骑手的职业技能和综合素质，帮助他们实现职业发展和个人成长。

通过美团的案例分析，我们可以清晰地看到新型劳动者在创新驱动发展中的关键作用。他们不仅推动了企业的技术进步和服务提升，还创造了巨大的经济效益和社会价值。在新时代背景下，如何进一步激发新型劳动者的活力，完善要素参与收入分配机制，提升他们的权益保障和职业发展，是推动经济高质量发展和社会和谐稳定的重要课题。

# 结 语

回望历史长河，人类文明的每一次飞跃，无不源自生产力与生产关系的深刻变革。从农耕文明的曙光到工业革命的洪流，再到信息时代的曙光，生产力的每一次迭代升级，都为社会进步铺设了坚实的基石。如今，新质生产力的提出，正是中国立足新时代、顺应新趋势的智慧结晶，它以创新驱动为核心，融合数字化、绿色化、智能化等新兴要素，旨在构建一种符合新发展理念的先进生产力形态，推动经济结构优化升级，促进社会全面进步。

站在新时代的历史起点，新质生产力的崛起正深刻影响着全球经济版图与社会发展格局。从理论萌芽到实践深耕，从区域试点到国家战略，新质生产力的演进之路，见证了中国从工业大国迈向创新强国的坚定步伐。在这一进程中，科技创新成为推动经济高质量发展的核心引擎，而新质生产力作为其集中体现，不仅重塑了生产关系，更引领了产业转型与社会进步的新方向。

在全球范围内，新质生产力的发展成为世界经济复苏的"领路人"。国家发展新质生产力可以成为全球经济的增长引擎，这种增长不仅限于本国市场，还能通过国际贸易和服务出口等方式惠及更多国家和地区。新质生产力的发展也促进了国际间的合作和技术交流，有助于构建更加开放、包容的全球经济体系，带来对新技术、新产品和新服务的巨大市场需求，为国内外投资者提供商机，同时也会增加对全球高端生产要素的需求，如先进的技术和专业人才。

展望未来，中国将以新质生产力为引领，持续优化现代化产业体系，推动绿色低碳转型，构建开放合作的全球科技生态，为实现全面建设社会主义现代化国家的宏伟目标注入澎湃动力。在这一征程中，每一个创新主体都将书写属于自己的辉煌篇章，共同绘就新时代高质量发展的壮丽画卷。

图书在版编目(CIP)数据

解码"新质生产力" / 当代中国与世界研究院, 复旦大学中国研究院著. —— 北京：外文出版社, 2024.
12. ——("中国话语"知识分享研究系列). —— ISBN 978-7-119-14092-6

Ⅰ.F120.2

中国国家版本馆CIP数据核字第2024MU7452号

出版指导：胡开敏
出版统筹：文　芳
出版协调：熊冰顿
责任编辑：张丽娟
特约编辑：郑华为　吕文宝
印刷监制：章云天

## 解码"新质生产力"

当代中国与世界研究院　复旦大学中国研究院　著

© 2024 外文出版社有限责任公司
出　版　人：胡开敏
出版发行：外文出版社有限责任公司
地　　址：北京市西城区百万庄大街24号　　邮政编码：100037
网　　址：http://www.flp.com.cn　　电子邮箱：flp@cipg.org.cn
电　　话：010-68320579（总编室）　010-68995861（编辑部）
印　　刷：文畅阁印刷有限公司
经　　销：新华书店 / 外文书店
开　　本：710mm×1000mm　1/16
印　　张：6.75
字　　数：65千
版　　次：2024年12月第1版第1次印刷
书　　号：ISBN 978-7-119-14092-6
定　　价：48.00元

版权所有　侵权必究